幸福な生と平安な死のために

自分ができること

岩沢直樹

花伝社

幸福な生と平安な死のために——自分ができること◆目次

序章——本書の目的・特徴・構成　7

第Ⅰ部　いかに生きるべきか。今日、何をすべきか

第1章　死を平安に受容できる生き方をする……16

1 生き方は人間の自由に任されている　16
2 不老不死の探求から死の受容へ　19

第2章　なぜ死を平安に受容できないのか……34

1 問題解決の手順　34
2 死後の世界　37
3 死を平安に受容できない原因　44

第3章　健康長寿を達成する……47

1 なぜ長寿は死の平安な受容に役立つのか　47
2 死亡と病気の原因　51
3 良い生活習慣を実行する　53

第4章 やりたいこと・やるべきことを全て実行する……69
1 人生への執着心が弱くなる方法 69
2 やりたいこと・やるべきことを見出す方法 72
3 やりたいこと・やるべきことを実行する方法 78
第5章 自分の生命をなんらかの形で死後も存続させる……83
1 自分の生命の代りになるものを残す 83
2 無化に対抗する思想を持つ 87
第6章 死を容認する思想を持つ……93
1 世界は存在すべきか?——ニヒリズムとペシミズム 94
2 生と死の評価を修正する 102
第7章 ニヒリズムとペシミズムに対処する……104
1 ニヒリズムの対処法——価値を自由に決めて生み出す 104
2 ペシミズムの対処法——平和を実現する 107

3 愛を行為で現す 109

第Ⅱ部 どうすれば幸福になれるか

第1章 生活資金をつくる …… 117

1 職業に就く目的と問題点 118
2 職業上の問題の原因 124
3 職業上の問題の解決方法 127

第2章 今日一日が幸福になる三つの習慣 …… 134

1 人生の目標を今日の目標にする 135
2 目標の達成度を高める 138
3 不快感を除き、快感と意欲を保つ 147

第Ⅲ部 平和をいかにして実現するか

第1章 人間と人間の間の平和を実現する …… 163

1 悲惨な戦争 163
2 戦争の原因 168
3 戦争を防止する方法 175

第2章 人間と動物の間の平和を実現する……183

1 動物の苦しみ 183
2 肉食の原因と弊害 186
3 肉食を止める方法 197

第3章 動物と動物の間の平和を実現する……203

1 残酷な自然 203
2 捕食の原因 207
3 捕食を止める方法 208

第Ⅳ部　世界とはどのようなものか

第1章　真理とはどのようなものか　214

1　存在判断について　215
2　価値判断について　222

第2章　世界（宇宙・自然・人間）とはどのようなものか　229

1　世界が存在している原因　230
2　世界の未来　244
3　世界が存在する究極的原因と目的　249
4　人間の在り方　255

序章——本書の目的・特徴・構成

本書の目的

本書の目的は、「いかに生きるべきか？ 今日、何をなすべきか？」という問題を考え、その答を誰もが実行できる形で提示することである。この問題が重要であり、生き方の原理、すなわち、日々の行動や生活を導く指針となる思想を持つ必要があるのは、なぜだろうか？　主な理由は二つある。

第一は、「いかに生きるべきか？」という抽象的な表現を、「今日、何をなすべきか？」という具体的な形に言いかえてみると、人はいつもこの問いに直面し、考え、迷っている。すでに決められた仕事や目標に専念している時間を除けば、日々の生活にこれほど密着した問題はない。

人間はこの問題にいつも付きまとわれて、永久に解放されないのは、好むと好まざるとにかかわらず、自由を持っているからだ。ある行為や考え事をするとき、選択肢をいくつでも挙げる自由と、その中から最終的に一つを選び取る自由を、誰でも持っている。自由に選択しても、外的・内的障害に阻まれて、望みどおりになるとは限らないが、それは結果であって、初めの状態が自由であることに変わりはない。

第二は、人間がこの世に生存できる時間は、短く制限されていることだ。もし望みどおりの年月を生きることができるならば、思いつくままに行動しても、後で考え直して、何度でもやり直すことができるので、生き方の原理などを深く考える必要はない。

最後に死が迫ってきたとき、過去をふり返って、自分が納得する意味や充実感を見出せなかったり、死の恐怖に打ちのめされたりして、後悔や混乱に陥ることがある。その時、もっと賢明な世界観や人生観に基づいて、人生をやり直したいと思っても、もはや残された時間はわずかなので、無理な相談ということになる。

私たちは、いつ自分が死ぬのか分からない。しかし、いつ死に直面しても、一生を総括したとき、人生の目標をできる限り達成したと思えるようになりたい。そして死を平安に受容できるような心境になりたい。そのようになるためには、どう生きればよいのか、誰もが知りたがっている。

「いかに生きるべきか?」という問題がどれほど重要であるかを、ソクラテス(前四六九―前三九九)は、「人間にとっていかに生きるべきかの考察以上に重大な問題は何ひとつない」と指摘した。トルストイ(一八二八―一九一〇)は、「この世界には知るべきことがたくさんある。しかし、本当に重要なことは、いかに生きるべきかということだけである」と強調している。

本書の特徴

「いかに生きるべきか?」という問題に対する、哲学者・宗教家・思想家、そして、ふつうの人たちの考え方を、私はできる限り知ろうと努めた。しかし、この問題を考える上で最も重要な「三つの根本事態」と取り組み、それら全てに対処する生き方を、実証的で具体的で誰でも実行できる形で説いた人には、なかなか出会わなかった。「三つの根本事態」というのは、次のことである。

(1) 「死にたくない。生きていたい」という願いも空しく、人間は誰でも死んで、無になる(人間の無化)。
(2) 世界(宇宙・自然・人間)の存在は、客観的には根拠も目的も必要もない(ニヒリズム)。
(3) 世界の反価値(存在すべきでないもの)の総和は、価値(存在すべきもの)の総和よりも大きいので、存在すべきでない世界が存在している(ペシミズム)。

宗教の場合は、「三つの根本事態」を全て取り上げるが、そのような人間の無化やニヒリズムやペシミズムという認識自体が正しくないと説いている。例えば、キリスト教によれば、この世界は神の王国を築くという目的のために、神によって創造された。人間は死後、永遠の命を得る。だから、世界の存在には根拠と目的と必要性があり、人間は死後に無化せず、悪(反価値)はいずれ神によって滅ぼされる。

しかし、宗教はその正当性の基礎を、検証できる事実や経験ではなく、神の啓示や教祖の言葉に求めるため、実証を重んじる現代人にとって、信じることが難しい。

そのため、「いかに生きるべきか？」を考える上で、本書は次のような特徴を持つ。

(1) 死とニヒリズムとペシミズムという「三つの根本事態」に、いかに対処して生きるべきかという問題を中心にして、本書は考察を進めている。そして、相互に密接な関係にある「三つの根本事態」を統合して考えている。

(2) アプローチ（研究方法）は、思弁的でも抽象的でも直観的でも啓示的でもない。広範囲の事実に基づき、実証と分析を重んじ、体系的な知を目指し、日常の体験や人間性や科学や諸事実と矛盾しないことを条件としている。そして、一般的な問題解決の手順に従って、問題に取り組んでいる。

(3) 医学にたとえるなら、解剖学や生理学などの基礎医学と、内科や外科などの臨床医学を総合したものを、本書は生き方の研究で目指している。すなわち、真理や世界についての知識と「三つの根本事態」を出発点にして、「いかに生きるべきか？　今日、何をなすべきか？」の処方箋を、誰でも実行できる形で提示している。したがって、医療と同様、本書で提示したことを実行した度合いに応じて、実際の効果が生まれるだろう。

本書の構成

「人間は自己の生き方を自由に決めてよい存在である」ことを前提にして、「いかに生きるべきか？今日、何をなすべきか？」という問題を、第Ⅰ部で考える。この前提は現代では常識になっているが、それが正しいという根拠については第Ⅳ部で扱う。

自由を行使し、人間性を最も尊重して生きるならば、「人間の本質的な欲求を全て満足させる生き方」が自然で望ましいことになる。しかし、「死にたくない。生きていたい」という最大の欲求を満足させることだけは、誰にとっても不可能だ。そのため、「不老不死」という目標の次善策として、「死を平安に受容できる生き方」を目標として選び、それに必要な条件を探究すると、次の四つに集約される。

(1) 健康長寿を達成する。
(2) やりたいこと・やるべきことを全て実行する。
(3) 自分の生命を何らかの形で死後も存続させる。
(4) 死を容認する思想を持つ。

最後の(4)を考える過程で、世界の存在は意味も必要も無く（ニヒリズム）、反価値（存在すべきでないもの）が価値（存在すべきもの）よりも大きいため、世界は存在すべきではないという思想（ペシミズム）に到達する。ニヒリズムとペシミズムに、いかに対処すべきかを考えると、それを無視したり、放置したり、逃げたりしないで、正面から取り組む生き方が求められる。ニヒリズムに対しては、価値を自由に決めて生み出す生き方が、ペシミズムに対しては、平和を実現する生き方が求められる。ここまでを、「第Ⅰ部　いかに生きるべきか。今日、何をなすべきか」で扱う。

第Ⅰ部で示された生き方は、自己の本質的な欲求を全て満足させることなので、幸福になるための生き方でもある。その生き方を実践する唯一の機会である今日一日を、どう生きるべきか？　日々の生活を経済的に支える職業に伴う問題点と、今日一日が幸福になる三つの習慣を、「第Ⅱ部　どうすれば幸福になれるか」で取り上げる。

第Ⅰ部の最後に指摘した平和を実現するために、最大の障害となるのは、戦争と、人類の肉食と、野生動物の捕食である。それらを防止する具体的方法を、「第Ⅲ部　平和をいかにして実現するか」で提案する。

第Ⅰ部から第Ⅲ部までの問題を考える際は、人間は自己の生き方を自由に決めてよい存在であることを前提にした。しかし、これは自明の真理ではない。この前提が正しいことを証明する必要がある。そのためには、「自分が生きているこの世界（宇宙・自然・人間）はどのようなものか？」について知る必要がある。さらに、この世界の真実の姿を究明するためには、その前に、「真理とはどのようなものか？」を理解しなければならない。これらを、「第Ⅳ部　世界とはどのようなものか」で探究することによって、世界の存在には根拠も目的も必要性もないこと、また、人間に生き方を指示するような者は、どこにも存在していないことが明らかになる。これは、人間は自己の生き方を自由に決めてよい存在であると考える根拠になる。

以上のように、この本の構成は、一般の哲学書と比べると、第Ⅰ部から第Ⅲ部までが倫理学、第Ⅳ部が認識論・存在論にほぼ対応している。論理的な順序としては第Ⅳ部を最初に置く方がよいが、最も重要な「生き方」の探究をあえて前にした。そして、生活に密着した体系的哲学の確立を目指している。本全体の要約は、「いかに生きるべきか→人生の目標→今日の目標」という一欄表に示した（第Ⅱ部第2章[1]、一三七ページ）。

「いかに生きるべきか？」という問題を考える時、一番大切なことは、その答が自分にとって本当に納得できるかどうかである。どれほど権威のある人間が説いたことでも、あるいは、どれほど多数の人びとが信じていることでも、自分が納得できなければ、心からそれに基づいて行動できない。自分が納得できるためには、自分の頭を使って考えるしかない。

これについて、キルケゴール（一八一三—一八五五）は、「大切なのは私にとって真理であるような真理を見出し（中略）、私がそれに基づいて生き、そして死ぬべき思想を見出すことである」と述べている（『ギーレライエの手記』）。

ショーペンハウアー（一七八八—一八六〇）は、「もともとただ自分の抱く基本的思想にのみ真理と生命が宿る。我々が真の意味で十分に理解するのも自分の思想だけだからである。（中略）自分で考えた結果獲得した真理は生きた手足のようなもので、それだけが真に我々のものなのである」と指摘している（『思索』）。

　この本の各部、各章で取り上げた問題について、読者が自分の頭で考え、自分が納得する答を自ら出し、その答の理由や根拠を整理することをすすめたい。そのような作業を通じて、自分自身の哲学を確立し、それに基づいて生き、現実と照らし合わせて検証し、修正し、深化していくならば、よりよい生を得られるにちがいない。本書がその一助になれば幸いである。

第Ⅰ部　いかに生きるべきか。今日、何をすべきか

第1章　死を平安に受容できる生き方をする

「いかに生きるべきか？」という問題の答を求めて、人間が置かれた自由な状態から出発して、何よりも人間性を尊重した生き方を探究すると、最後は「死を平安に受容できる生き方」にたどり着く。その道程が第1章である。

[1] 生き方は人間の自由に任されている

1　人間は自由である

世界（宇宙・自然・人間）は、何らかの目的を実現するために創造されたのではなく、自然法則・エネルギー・物質の自己展開の結果として生じたものだ。人間は宇宙と生物の長い進化のプロセスの中で、無数の必然と偶然が積み重なった結果として、地球上に誕生した。

例えば、もしも六千五百万年前に巨大な隕石が地球に衝突しなかったら、現在でも恐竜が地上の支配者であろう。哺乳類はその陰で生きる目立たない存在で、人類も生まれていなかっただろう。宇宙論が予測する世界の未来を考えても、現在の人間の生き方に制約を及ぼすような出来事は、どこにも見当たらない（第Ⅳ部第2章）。

このことは、人間は、進化のなりゆきの結果として、何の目的もなく世界に投げ出された存在であること、また、人間は何者かによって何らかの使命や意義を帯びて地上に登場させられたわけではないことを物語っている。つまり、人間に対して「このような生き方をせよ」と指示・示唆するような者は、世界のどこにも存在していないので、それを探し求める努力は、徒労に終わらざるを得ない。これは、人間の生き方は人間の自由に任されていること、人間の生き方を決めるものは、人間以外には存在しないことを意味している。

人間が置かれたこのような状況を、サルトル（一九〇五―一九八〇）は「人間は自由の刑に処せられている。（中略）人間は何のよりどころもなく、何の助けもなく、刻々に人間を作り出すという刑罰に処せられている」と表現している（『実存主義はヒューマニズムである』）。

2　自由の長所と短所

人間が置かれた自由という状況は、果たして人間にとって望ましいことだろうか？　それとも、望ましくないことだろうか？

自由であれば、人間の思想や行動や価値観を束縛するものは、何も存在しないので、人間性を自由に発揮した生き方ができる。しかし、その代償として常に根源的な不安に置かれ、「いかに生きるべきか？」という問題やニヒリズムに悩まされるだろう。

一方、人間の使命や意義や目的がはっきりと与えられていれば、人間は安心してその実現のために生きればよく、「いかに生きるべきか？」という問題から解放されるだろう。しかし、同時に、定められた使命や目的に沿って生きることを要求され、それに反したことは禁止されるだろう。その結果、例えば中世のキリスト教社会のように、人間性の自然な発露は抑えられるかもしれない。思想や目的や価値を自由に決めて、自分が望む生き方をすることは許されないかもしれない。

このように自由と不自由のそれぞれの長所・短所を比較すると、どちらが望ましいかを、単純には断定できない。しかし、もはや人間は自由という状況を変えることはできない以上、自由の長所を生かし、短所を克服して生きるしかない。世界（宇宙・自然・人間）の存在には、根拠も目的も必要性もないという事実から生まれる絶望を、希望へ変換する契機が、ここにある。人間の生き方や物事の価値を決める絶対的なものさしや指標や基準はどこにも無いので、自分でそれを決めることが求められる。これは大変な作業であるが、生きる目標を自由に決めて、達成する喜びを持つことができる。

[2] 不老不死の探求から死の受容へ

1　自己の本質的な欲求を全て満足させる生き方をする

自己の生き方を決めるものは、自己以外には存在しない。誰でも自己の生き方を自由に決めることができる。それでは、人間はその自由を行使して、いかに生きるべきなのか？

その答は、「自己に正直な生き方をする」こと、すなわち、「自己の本質的な欲求を全て満足させる生き方をする」ことに帰結するほかないだろう。なぜなら、このような生き方は人間性に最も合致し、極めて自然で合理的だからだ。自分にとっての価値を最終的に決める主体は、自分しか存在しないからだ。それならば、自分にとって価値があるものを追求する生き方、すなわち、自分の人間性・欲求を尊重して満足させる生き方よりも、望ましく合理的な生き方はない。

過去をふり返った時、自己の欲求に忠実でなかったことは、深い後悔と自責の念を生む。それを哲学者のニーチェ（一八四四―一九〇〇）は次のように表現している。

「もっとも後悔されることは何か？　それは遠慮ばかりしていたこと、おのれの本当の欲求に耳をかさなかったこと、おのれを取り違えること、おのれを卑しめること、おのれの本能を聞き分ける繊細な耳を失うことである。こうした自己に対する敬意の欠如は、あらゆる種類の損失によって報復を受け、健康・快感・誇り・快活さ・自由・不動心・勇気・友情が損なわれる。後になってもわれわれは、このような真のエゴイズムの欠如をけっして自分に許さない」（『遺された断想』）

2　最大の欲求は何か

「自己の本質的な欲求を全て満足させる」と言っても、人間に与えられた有限な時間と能力で、全ての欲求を十分に実現することはできない。人間にできることは、欲求や価値の重要度に基づいて優先順位を決め、自分にできる範囲内で、順番に実現していくことだ。

そのとき、優先順位リストの第一位に来るものは何だろうか？　それは「（自分がもう死んでもよいと思うまでは）死にたくない。（自分がまだ生きていたいと思う間は）生きていたい」ということだろう。人間は死ねば、炎熱の焼却炉の中で一塊の灰になる。感覚も感情も意識も精神も、全て消滅して、無に帰する。そして、この世界に再び存在する機会は、永久に訪れない。このような死を、他の何よりも避けたいと願うのは自然である。動物の二大本能は自己保存本能と種保存本能であるが、

「死にたくない。生きていたい」という欲求は、自己保存本能そのものである。これよりも大きな欲求は、他に何があるだろうか?

「あなたにとって最も大切なことは何ですか?」というアンケートがよく行われる。その答の二位以下にくるものは変動するが、第一位に挙げられるものは決まって「健康」である。「健康を維持したい」という欲求は、「死にたくない。生きていたい」という欲求と同じものだ。

実際、自己の生命を維持するため、食事、労働、睡眠などに使う時間は、一日二四時間の大部分を占めている。そして、残りの時間を他の目的に使っている。生命が危機に瀕した時は、他のあらゆる欲求を犠牲にしても、助かろうとして人事を尽くす。

人間が一生の間に出会う問題の中で最大のものは、死の問題であることを、多くの人が指摘してきた。

「多数の人々が鎖につながれ、そのすべてが死刑を宣告されているさまを想像しよう。そのなかの幾人かが、日ごとに他の人々の眼前で絞め殺され、残った者は、自分たちもその仲間と同じ運命をたどることを悟り、悲しみと絶望のなかでたがいに顔を見合わせながら、自分の番がくるのを待っている。これが人間の状態なのである」とパスカル(一六二三—一六六二)は指摘する(『パンセ』)。

「今や私はたえず私を死の方へ引きずりながらかけていく日々夜々を見ずにはいられない。私はこれのみを見つめている。なぜならこれのみが唯一の真理で、その他のすべてはみな欺瞞だからである」とトルストイは告白する(『懺悔』)。

「死がそのノミをもって彫ったのではないどんな思想も、私のなかには存在しない」とミケランジェロ（一四七五―一五六四）は言う。

「臨終のことを習いて、後に他事を習うべし」と日蓮（一二二二―一二八二）は忠告する。

3　永遠の生命・不老不死を探求する

「死にたくない。生きていたい」という、永遠の生命を求める本来の解決法は、不老不死の方法を発見・発明することだ。昔から現在まで不老不死は人類の夢であった。

世界最古の叙事詩で、旧約聖書やギリシア神話にも影響を与えたギルガメシュ叙事詩は、紀元前二〇〇〇年頃にメソポタミアでつくられた。それによると、英雄ギルガメシュは孤独に耐えかねて、エンキドゥを親友とし、彼と力を合わせて怪物を退治する。その勇姿に魅せられた美の女神イシュタルは、ギルガメシュに恋をするが、ギルガメシュは浮気っぽい女神の愛を拒絶する。怒った女神は父の天神の力を借りて、エンキドゥを死に追いやる。

親友の身体が腐っていく様子を見て、ギルガメシュは人生には限りがあることを知り、死の恐怖に捕えられ、不死の方法を探求する。そして、死の運命を免れている唯一人の例外者を探し出すが、不死の秘訣は本人にも分からない。その代わりに「老人を若くする薬草」のありかを教えてもらい、それを手に入れるが、故国への帰途、蛇に取られてしまう。結局、不老不死は叶わぬ夢であることを悟ったギルガメシュは、有限な人生を精一杯生きる道を選ぶ。

秦の始皇帝（前二五九―前二一〇）は、不老不死の薬を求めて、日本にまで使者を送ったとされているが、その努力も空しく、四九歳の若さで亡くなる。

このように、人類が地球上に登場して以来、あらゆる努力にもかかわらず、死を免れた者は誰一人としていない。人間の寿命については、生物学的に一二五歳が限界だと言われている。事実、世界の長寿記録の最高は、フランスのジャンヌ・カルマン（一八七五―一九九七）という女性で、一二二歳だ。その次が日本の泉重千代（一八六五―一九八六）という男性で、一二〇歳だ。

なぜ人間は老いて死ななければならないのだろうか？　人間が死亡する原因は、病気か事故か自殺か老衰だ。高齢者の病気は老化によることが多いので、老化を完全に防止できれば、不死への道が開かれる。

老化防止を目的とした科学的な研究組織が生まれたのは最近のことで、アメリカでは一九九三年、日本では二〇〇一年に抗加齢（アンチエイジング）医学の学会が設立された。抗加齢医学は、老化現象を病気の一種と見なし、他の病気のように、原因を究明して治療することを目的としている。老化とは加齢と共に身体全体の生理機能が低下する現象のことだが、老化のメカニズムはまだ完全には解明されていない。

今までの研究では、老化の原因として次の三つの仮説が有力で、三つの要因が共に作用して、老化が進行すると考えられている。したがって、これら三つの原因を完全に除去できれば、老化を抑制できるかもしれない。現在、抗加齢医学がすすめている老化対策については、第I部第3章[3]で扱う。

【1】遺伝子のプログラム

誕生・成長・生殖・老化・死という動物の一生のプロセスを起こさせ、細胞の分裂回数をコントロールしているものは、遺伝子に組み込まれたプログラムである。人体の組成単位である細胞は分裂によって増殖するが、分裂は永久には続かないで、いずれ停止する。分裂回数は細胞の種類によって異なる。

例えば、成人した後、皮膚の表皮細胞は分裂を止めないが、肝臓の細胞はときどきしか分裂せず、脳の神経細胞や心臓の筋肉細胞は分裂を停止する。分裂を停止した細胞は、傷つき、崩壊して死んだ後、補充されないので、組織や器官全体が十分に機能しなくなる。

テロメア仮説によると、細胞が分裂を停止するのは、細胞内部にあるテロメアと増殖抑制遺伝子による。テロメアは約二〇〇回分の回数券と同じで、分裂するたびに、回数券を一枚ずつひきちぎって、短くなっていく。残りの回数券がある限度を超えて少なくなると、増殖抑制遺伝子が現れて、細胞の分裂を停止させる。そのため、細胞の実際の限界分裂回数は五〇〜一〇〇回程度である。

ガン細胞や生殖細胞が無限に分裂するのは、テロメラーゼという酵素が作用して、テロメアの長さを維持するためである。テロメラーゼを普通の正常細胞に注入して、限界分裂回数を二〇回増やしたという実験が、アメリカで報告されているが、普通の細胞のテロメアの長さを維持する一般的な方法はまだ開発されていない。

【2】活性酸素

私たちが呼吸をして取り入れる酸素分子は安定している。しかし、それが一つの電子を外部から受け取ると、その電子は相手がいない不対電子として不安定になり、相手になるもう一つの電子を求めて活発になる。これが活性酸素である。活性酸素は体内のさまざまな組織（遺伝子・タンパク質・脂肪など）から一個の電子を奪い取って安定化しようとする。その結果、電子を奪われた細胞組織は損傷を受けて、病気に進展する。

活性酸素の対策については第I部第3章[3]で述べるが、完全な方法はまだ見つかっていない。

【3】ホルモンの減少

ホルモンにはさまざまな種類があり、それぞれが特定の器官や身体全体の機能を正常に維持・調整する働きをする。加齢とともにホルモンの分泌は減少するので、身体のいろいろな機能が低下する。しかし、少なくなったホルモンを安易に摂取すると、副作用によって病気を招く危険がある。例えば、若返りの効果があるとされる女性ホルモンのエストロゲンを摂取した人々のガンの発病率は非常に高い。男性ホルモンのテストステロンは、前立腺ガンの発病率を高くする（三井洋司『不老不死のサイエンス』）。そのため、安全で効果的な方法を研究中というのが現状である。

4　死を平安に受容できる生き方をする

前記のように、細胞のテロメアの長さを維持し、活性酸素を完全に除去し、ホルモンの減少を止めるために、確実で安全な方法が開発されれば、不老不死への道は開けるだろう。最近の科学技術や医学の飛躍的な発展により、不老不死は単なる夢物語ではなく、挑戦すべき現実的課題になりつつある。しかし、たとえ不老不死が実現したとしても、それは未来の話で、私たちの時代にその恩恵に浴する人は現れないだろう。過去に存在した全ての人間同様、「死にたくない。生きていたい」という最大の欲求を満たすことは、今のところ誰にもできない。したがって、人間は必ず死ぬという前提に立って、人生設計をしなくてはならない。

ある目標を達成できない場合の一般的対処法は、次善策や代替案を探して、それを達成することである（第Ⅰ部第４章③）。「永遠の生命・不老不死」という目標を達成できない場合、その次善策・代替案として、次の二つを挙げることができる。

(1)　永遠に生き続ける人生と本質的に大差ない結果を、短い一生の中で得る。
(2)　死を平安に受容できるようになる。

このうち(1)は、短い一生の中で「やりたいこと・やるべきことを全て実行する」ことによって、それなりに達成できるだろう。一方、(2)の「死を平安に受容できるようになる」ための条件は、第2章以降で述べるが、その条件の中に、「やりたいこと・やるべきことを全て実行する」ことが入っている（第Ⅰ部第4章）。したがって、(2)を達成すれば、(1)も達成できるので、「不老不死」の次善策・代替案としては、(2)の「死を平安に受容できる生き方」だけを設定すればよい。

また、この節の1で述べたように、「いかに生きるべきか？」の答は、「自己の本質的な欲求を全て満足させる生き方をする」ことである。これは、「やりたいこと・やるべきことを全て実行する」こと同じである。一方、「死を平安に受容できる生き方」の条件の一つは、「やりたいこと・やるべきことを全て実行する」ことである。したがって、「いかに生きるべきか？」という問いに対する最終的な答としても、「死を平安に受容できる生き方」を採用してよいことになる。

要約すると、「死を平安に受容できる生き方」をすることは、「永遠の生命・不老不死」の次善策である「永久に生き続ける人生と本質的に大差ない結果を、短い一生の中で得る」ことと、「いかに生きるべきか？」の答である「自己の本質的な欲求を全て満足させる生き方をする」ことの両方を満たすことになる。

5　自分が死ぬ時期を仮定する

「死を平安に受容できる生き方」をする場合、重要なことは、自分が死ぬ時期を仮定して生きること、すなわち、死を平安に受容するための準備の期限を設定することである。死の時期は誰も予測できないという理由で、人々は自分の死の時期を仮定しないで生きている。

そのため、実際に死が訪れた時、死を平安に受容するための準備をしていないので、本人も家族も狼狽して苦しむ。学校の試験や企業の顧客への売り込みには準備をして臨むのに、それよりもっと大事な死に準備しないで臨むのはおかしい。

多くの人は、統計上の平均寿命（二〇〇六年度は男性七九歳、女性八六歳）までは生きられるのではないかと期待している。しかし、実際には個人差が大きく、平均寿命に達する前に亡くなる人も多い。したがって、次のような可能性を想定し、現実にどのケースが自分に起きても、平安に死を受容できる準備を終わらせておかねばならない。

今日が最後の日――明日、自分は存在していない

前日まで普通に生活していたのに、ある日、心筋梗塞や脳梗塞などによって、突然、命を失う人がいる。ガンという診断を受けてから半年以内に亡くなる人もいる。他人に起こるこのようなことは、自分にも起こりえる。だから、今日が最後の日かもしれない、明日は存在していないかもしれないという考え方は、必要である。死の準備を一日で完了することは難しいが、今日一日の時間を何に使うべきかについて、指針を与えてくれる。

歴史家のトインビー（一八八九―一九七五）は、次のようにもっと厳しい仮定をすすめている。

「理想的には、すべての人が人生の一瞬一瞬を、次の瞬間が最後の瞬間となるかのように生きなければならない。いつ死んでもいいつもりで、常に生きることができねばならない」（『死について』）

六月末、年末の死――七月以降、来年、自分は存在していない

何かまとまったことをするためには、一日では短すぎる。暦の上では一年が最大の単位で、年末は今年と来年の境目だから、一つの期限と見なしやすい。しかし、人間は、期限が迫らないと、物事を実行しない傾向がある。年の前半にあるときは、年末はかなり先に感じて、目標の実行を年の後半に延ばしてしまうため、年の前半は六月末の死を仮定する方が効果的だ。

平均寿命、九〇歳、一〇〇歳以上の死

どれだけ生活資金を用意しておくべきかという点からすると、一〇〇歳以上生きたとしても、経済的に困らないように準備する必要がある。しかし、この仮定では死の切迫感はないので、死の準備を急がせる心理的効果は小さいだろう。

以上の三つの仮定は全て必要であるが、日常生活ではどれを中心にすべきだろうか？　それは個々の人が置かれている状況によって異なるが、一般的には、「六月末、年末の死」という仮定が、死の具体的準備のために、また、毎日を充実させるために、最も適切かもしれない。

6　死を平安に受容できる生き方が優れている点

死を平安に受容できる生き方は、いかなる点で優れているか？　主な点を列挙してみよう。それは、死の平安な受容に役立つだけではなく、次のような効用がある。

積極的に生きる原動力を与える

やりたいこと・やるべきことを早く（六月末までに、あるいは、年末までになど）実行することを、この生き方は求める。だから、消極的で受身な姿勢を捨て、何でも試み、挑戦する積極性を要求する。年と共に速くなる時間に流されないためには、計画の実行を先送りせず、急がねばならない。死の考察は、怠惰やムダや消極性を戒め、積極的に生きる原動力を与える。

今日一日を充実させる

理想を夢見るだけで、現実には貧しい生を営む日々を脱却して、手の届くところから最善を選び取って、今日一日を充実させることを、この生き方は求める。毎日を何かのための通過点や過渡期のように過ごし、真の人生はその先にあるはずだと考えて、一日を空しく過ごすことは間違いで、最終目的地は今日であることに気づく。

不変の原点と価値判断の尺度を与える

激しく変転する世界や人生のなかで、自分の死ほど確実で絶対的なものはない。だから、生き方を考える原点に自分の死を置けば、その上に構築される考えは、小さな衝撃ですぐ崩れ去る砂上の楼閣ではなく、堅固な岩盤上の建造物のように安定して倒れにくい。状況がいかに変化しようと、何かを考えたり、悩んだり、迷ったりした時、最後にそこに戻るべき不変の原点になり得るのが、自分の死である。

現代は普遍的な価値基準が世の中に存在せず、自分自身が判断する絶対的基準も無いため、行動が他人を基準にしやすい。それに対して、この生き方は自分固有の価値判断の尺度を提供する。ある物事が自分にとってどれほどの価値を持つかは、死を平安に受容するのに、それがどれだけ役に立つかという物差しで測ることによって、はっきりする。

人生の全体的視野とバランスのとれた価値観を与える

ある特定の至高価値を設定した一元論的価値観を持つと、その至高価値だけを見つめて、馬車馬のように視界が狭くなり、その視野の外にある大切な価値を見落しがちになる。死を念頭に置くことは、そのような特定の立場から離れて自由になり、誕生から死までの人生全体を鳥瞰する高い視点を持つことになるので、今まで見えなかったものもよく見えてくる。その結果として、人生をより豊かで意味あるものにする可能性が開ける。

また、どんな物事もそれなりに独立した評価をするので、バランスのとれた価値観を持てるようになる。

価値が浮き彫りになり、価値を十分に味わうようになる

日常生活で毎日のように同じ対象を見慣れると、それが持つ固有の価値に気づかなくなる。しかし、今まで見向きもしなかった野原の小さな草花まで、自分の死という台紙の上に置いて見ると、その愛らしさや尊さがはっきり浮き彫りになる。死という永遠の無を背景にすれば、それと対照的に、日ごろ埋もれていた小さな価値でも、外に輝き出てくる。ガン患者の闘病記にもしばしばこれと同じことが書かれている。そのような限界状況に置かれなくても、自分の近い死を仮定すれば、周囲のものの価値を見直すことができる。

また、自然にせよ、食事にせよ、日ごろ接するものについて、その価値を十分に味わうようになる。

七月以降や来年は自分はこの世にいないと仮定すれば、それを味わう機会は、あまり残されていないからだ。同じ食べものでも、早く終わらせようとして食べるのと、十分に味わいながら食べるのとでは、美味しさは格段の違いがある。

第2章　なぜ死を平安に受容できないのか

この章では、先ず、死の問題を考える手順を[1]で決め、それに沿って死後観を[2]で確立し、死を平安に受容できない原因を[3]で明らかにする。

[1]　問題解決の手順

「死を平安に受容できるためには、どのような生き方をすればよいのか？」という問題に答を出すには、どのように考えを進めていったらよいのだろうか？　死は日常の出来事とは違う特別なことなので、一般的な問題解決の手順は適用できないと考える必要はない。死の問題を例外視しないで、一般の問題の一つとして扱い、汎用性の高い一般的な問題解決の手順を適用してみるべきだ。そして、その結果を他のアプローチによる結果とくらべて、どちらの方が実際に効果があり、役立つかを見ればよい。

問題という言葉はいろいろな意味で使われているが、ここでは、「望ましい状態と現状の差を問題といい、その差を解消すること、または、納得できる程度に短縮することが問題解決である」と定義する。

「望ましい状態」とは、目標や理想や欲求が実現した状態、あるいは、正常な状態などである。「差」を解消・軽減・短縮するためには、「現状」を「望ましい状態」にもっていくのが基本である。それができない場合は、「望ましい状態」のレベルを下げたり、内容を変えたりして、どこかで妥協するという方法がある。このように定義すると、人間の活動の大部分は問題を解決する行為であるということもできる。

一般的な問題解決の手順は次の七つの段階から成り立っている。

(1) 問題を認識する。そのきっかけは、欲求・不快感・不満足・悩み・苦痛・故障・他人の指摘・問題点を自ら探した結果などさまざまである。
(2) 問題を正確に記述する。
(3) 問題が生じる真の原因を究明する。直接の原因だけでなく、根本的・最終的な原因を追究する。
(4) 問題の原因の除却・軽減に効果がある方法を、全て列挙する。どんな考えでも、思いつくものを、批判せずに書き出してみる（ブレーンストーミング）。
(5) 全ての解決方法の長所・短所を比較して、その中から総合点が一番高い最適な解決方法を選ぶ。
(6) 最適な解決方法を実行する。少しでも効果がある方法は全て同時に実行して、それらの総合力で解決できるものもある。
(7) 問題が解決したかどうかを確認する。解決していない場合は、その原因を突き止めて、対策を実行する。

以上の問題解決の手順はさまざまな領域で実際に使用され、有効性が実証されている。例えば、病気の治療の場合は、次のような段階を踏んでいる。

(1) 痛みなどの異常な症状に気が付く。
(2) 病院に行って、医者に自覚症状を正確に伝える。
(3) 医者は各種の検査を行って、異常な状態の原因となっている病気を特定する（診断）。
(4) その病気の治療法が既に何通りあるのか調べ、まだ治療法が確立されていない場合は新しい治療法を研究する。
(5) それらの治療法の中から、患者にとって最適なものを選ぶ。

(6) 最適な治療法を患者に施す。ガンの場合、西洋医学・東洋医学・民間療法を同時に行って治るケースもある。

(7) 病気が治り、症状が消えたことを確認する。治っていなければ、その原因を調べて、他の治療法など対策を実行する。

多くの企業で実施されているTQC(Total Quality Control:総合的品質管理)も、この問題解決の手順に沿って行われ、研究開発・製造・営業・財務・人事・総務など全ての職場の問題に適用されて、素晴らしい実績をあげている。日本製品の品質が世界で信頼されているのは、TQCのおかげとさえ言われている。

もしも、(1)~(7)の段階の一部を省いたり、きちんと実行しないで、直感や度胸だけで思いつくままに問題を処理しようとすると、本質から外れて、問題解決にはたどり着かない危険がある。

2 死後の世界

「死を平安に受容できるためには、どのような生き方をすればよいか?」という問題に対しても、前記の一般的な問題解決プロセスを適用する。

(1) 問題を認識する。この段階は既に終わっている。

(2) 問題を正確に記述する。「望ましい状態」は、「死を平安に受容できる状態」であり、「現状」は「死を平安に受容できない状態」であり、その大きな「差」が問題である。この「差」を解消・軽減・短縮すること、すなわち、「死を平安に受容できる状態」になる生き方を見出して、それを実行して、実際に「死を平安に受容できる状態」になること、あるいは、近づくことが、問題の解決である。

(3) 問題が生じる真の原因を究明する。直接の原因だけでなく、根本的・最終的な原因を追究する。死を平安に受容できない原因は、人間は死後どうなるかについての考え方によって大きく異なるので、先ず、自分の死後観を確立することが出発点になる。人間の死後観は、主に次の三つに分類できる。

1　霊魂不滅論

肉体は滅びても、霊魂は不滅で永遠に存在すると考えるのが霊魂不滅論である。人間が死を怖れる理由としては、肉体の消滅よりも精神の消滅の方が大きい。死によって肉体が滅びても、精神や意識がどこかに存続するならば、死はずっと受容しやすくなる。宗教が、霊魂の不滅を説くことによって、死の問題を解決しようとしているのは、そのためだ。そこにはいろいろな説明の仕方がある。

キリスト教

キリスト教によれば、人間は神の子である。肉体は霊魂がこの世で活動するための仮の器で、衣服のようなものに過ぎない。肉体が消滅すれば、霊魂は天国に召されて、神の傍らで永遠に生きることになる。キリスト教が成立する根拠は神の言葉にあるので、神を信仰することが、霊魂不滅を信じる前提となる。

仏教

仏教にはさまざまな宗派があり、死後観は必ずしも同じではない。ここで取り上げる一体不二・生死不二・生死一如という考え方によると、宇宙全体が一つの巨大な生命体であり、物質と生命・精神は異なった別々の存在ではなく、同じものの別な側面である。したがって、生命は宇宙の誕生以来、ずっと存在し続けてきたもので、生命が姿を変えて見せる一つの状態・相が、生であり、死である。

一個の生命は肉体の誕生によって初めて生じ、死によって永久に滅してしまうものではなく、宇宙の大生命体の一部として永遠に存在する。なぜなら、生命は、ある時は生の生命としてこの世界に顕在化し、ある時は死の生命として宇宙の中に冥伏しているからである。

いったん死んだ人間の霊魂は、巨大な宇宙生命体に溶けこんで、生きている人々が見ることのできない状態に移行するが、またいつか縁にふれて、有形のものになってこの世界に現れる。これは海（宇宙の大生命体）の波が岸に押し寄せて、その表面から水泡（個人）が空中に飛び上がって（誕生）、また水中に消える（死）現象にたとえることができる。

蘇生者の報告

『死ぬ瞬間』を書いた精神科医のキューブラー・ロス（一九二六―二〇〇四）は、一度死んで生きかえったとされる二万人を調査した。すると、彼らは死後、自分が愛した故人と再会できたという報告が多かった。これは死後の世界が客観的に存在していることによると考え、彼女は霊魂の不滅を確信するようになった。

日本の現代医学における死の判定基準は、心臓・肺・脳の全ての不可逆的な機能停止である。この基準で死が確認された後に、生き返ることは決してないというのが、医学上の定説である。だから、蘇生者と言われている人は、この基準で死が確認されたのではなく、死の一歩手前まで行って、そこから戻ってきたのだろう。蘇生者の体験談は、本当の死後ではなく、まだ意識がある時の記憶ではないだろうか？　死に際には、親しかった故人を思い浮かべることがあるようで、それを死後の体験のように思ったのかもしれない。

2　精神消滅論

世界には究極的には、素粒子のような物質とエネルギーと自然法則しか存在していない。人間の意識現象や精神は、脳の一つの機能や生産物である。だから、肉体が滅び、脳が消滅すると同時に、意識現象や精神も停止し、消滅して、無となると考えるのが精神消滅論である。

生きている間、意識現象や精神は存在するが、その実体としての我とか霊魂のようなものは存在しない（第Ⅳ部第1章[1]）。生きているときに存在しない我とか霊魂のような実体が、死後に存在することはあり得ない。

人間は誕生する前は、身体も脳も存在せず、したがって、自分の意識現象や精神も存在せず、無であった。それと同じ状態に戻るのが死である。日常の経験の中では、死は、意識が全く無いという点で、夢を見ない熟睡状態に一番よく似ている。最大の違いは、睡眠の場合は一定時間後に目覚めるのに、死の場合は永遠に目覚めないことだ。

3　不可知論

前記のように、本当に死んだ後に生き返った人はいないので、死後の世界について、確実なことを知ることはできない。だから、死後の世界のことは、断定を避けて、「分からない」としておく態度が不可知論である。

ソクラテスは、「それ（死）は全くの無のようなもので、死んでいる者には、いかなるものについてどんな感覚もないか、それとも、物語にあるように、それは一種の転生のごときもので、魂がこの世の場所から別なある場所へと居を移しかえることであるか、そのいずれかである」と述べた（プラトン『ソクラテスの弁明』）。つまり、精神消滅論と霊魂不滅論のどちらかであるが、どちらが本当であるかは分からないという立場を選んだ。

無の場合は、夢を見ない熟睡と同様である。転生の場合は、あの世で懐かしい故人と会える。どちらにせよ、死は幸せな状態であって、怖れたり悲しんだりするような状態ではないと、ソクラテスは考えた。彼は死刑から逃れることもできたのに、敢えてそれをしなかった背景に、このように楽観的な死後観があった。

4　結論

以上、三つの死後観のうち、どの立場を取るべきだろうか？　科学がこれだけ発達した現代では、古代のソクラテスのように不可知論の立場に留まることに満足できない。肉体の消滅と共に精神も消滅するかどうかは、真理の条件に照らしてみよう。存在に関する判断は、一般に、次のⒶ、Ⓑ、Ⓒの三条件を備えていれば、真理である（第Ⅳ部第1章[1]）。

Ⓐ　証拠がある。

Ⓑ　関係する全ての現象・事実を説明できる。

Ⓒ　他の真理・現象・事実と矛盾しない。

Ⓐについては、霊魂不滅論も精神消滅論も、死後の世界を科学的な方法で客観的に確認して、証拠を示すことができない。

Ⓑと©については、霊魂不滅論の場合、次のような疑問が生じる。故人は、この世に残してきた愛する人に向かって、どんな方法でもよいのに、メッセージを送ってこないのは、なぜか？　生きている人間は、いかなる手段を使っても、故人と交信できないのは、なぜか？　故人の霊魂は宇宙のどこに存在しているのか？　生きている人間の身体の中に、霊魂が実体として存在するのを検証できないのに、死後、霊魂が存在すると主張できるのは、なぜか？　霊魂不滅論は、これらの疑問や事実をきちんと説明できないし、これらの事実と矛盾している。精神消滅論は、これらの疑問や事実に対して、きちんと説明できるし、事実と矛盾しない。

以上のように、真理の三条件のうち、霊魂不滅論は一つも備えていないが、精神消滅論はⒷとⒸの二つを備えているので、精神消滅論の方が霊魂不滅論よりも断然、優位である。したがって、精神消滅論も仮説ではあるが、私たちは精神消滅論を取るべきだということになる。

3 死を平安に受容できない原因

死後は、肉体とともに精神も消滅するという前節の結論を前提にして、死を平安に受容できない原因を探究し分析すると、次の四つに帰着するだろう。

(1) 「死にたくない。生きていたい」という強い本能がある。
(2) 死によって、愛着や欲求の対象から永久に去らねばならない。
(3) 死によって、自分が永久に無になってしまう。
(4) 「生は絶対に善く（存在すべきもの）、死は絶対に悪い（存在すべきでないもの）」という通念が存在し、生と死の評価の差が絶大である。

これら四つの原因のほかに、死ぬ時の肉体的苦痛を挙げる人がいる。しかし、現在はモルヒネのような鎮痛剤の効果的処方などによって、多くの場合、苦痛は耐えられる程度に緩和できるようになったので、ここでは取り上げない。

心の働きには主に、本能と感情と意志と理性という四つがある。これらの四つの要素は独立性を保ちながら、相互に影響し合い、共存している。本能と感情と意志と理性という名前を持つ四人が、一つの心の中に住んでいるようなものだ。この四人は、ある時は一致協力したり、ある時は反目対立したりする。だから、四人の内の一人が死を受容しても、他の三人が受容しなければ、結局、全体として死の受容に抵抗がある。一般的な問題でも、本能や感情に反して、理性を優先して解決すれば、結局、最終的満足を得られないで、欲求不満や後悔が残ることが多い。人間性の尊重ということは、本能と感情と意志と理性の全てを、できる限り満足させることだ。したがって、四人共に死を受容できるようになることが望ましい。死を平安に受容できない四つの原因と、本能・感情・意志・理性の間には密接な関係がある。

このように死の問題は一面的ではなく、多面的に取り組む必要がある。死の平安な受容のために、一つの方法による効果は決定的でなくても、多面的な方法を行うことによって、総合して大きな効果が生まれる。

これと同じことを、宗教学者の岸本英夫（一九〇三―一九六四）は次のように指摘している。彼は五一歳のとき、ガンを宣告され、それから六一歳で亡くなるまでの一〇年間、死の恐怖を克服するために、あらゆる努力をした。

「想うに、現代人にとっての死の問題の困難は、それに対する単一の解決のカギがないことである。一刀両断に問題をすべて解決させるというキリフダ的なものがない。（中略）しからば、どうしたらよいのか。おそらく現代人にとっての死の問題の解決には複合的、多元的な方法しかないだろう。すなわち、いろいろな方法で部分的に死の問題を解決し、それらを総合した結果として安らかに死んでいくことが出来るようにするのが残された方法なのではないだろうか。

最近の人格心理学は人間の自我の心理的構造が複合的なものであることを明らかにしてきた。自我が本来複合的なものであるとすれば、死という自我崩壊の危機において、それを解決する方法が複合的になるのもまた当然である」（岸本英夫集・第六巻『生と死』）

次章から、問題解決プロセスの中で、「問題の原因の除去・軽減に効果がある方法を考える」作業に入る。死を平安に受容できない四つの原因のうち、⑴は第3章、⑵は第4章、⑶は第5章、⑷は第6章で扱う。

第3章　健康長寿を達成する

死を平安に受容できない第一の原因は、「死にたくない、生きていたいという強い本能がある」ことだ。その本能が自然に弱くなる要因を探究することが、第3章の目的である。

1　なぜ長寿は死の平安な受容に役立つのか

「死にたくない。生きていたい」という本能の強弱は、年齢と最も密接な関係がある。青年や壮年よりも老年の方が、また、同じ老年でも、より高齢の方が、生の本能が弱くなるのは一般的な事実だ。このように長寿が死の平安な受容に役立つ理由を、生理的要因と心理的要因に分けて考える。

1　生理的要因

長寿に伴って、老化が進む。老化とは加齢とともに身体全体の生理機能が低下する現象のことで、遺伝子プログラム・活性酸素・ホルモンの減少などによって引き起こされる（第Ⅰ部第1章2）。一方、生理機能の高低は、本能の強弱に影響を与える。そのため、生理機能が活発な青年期や壮年期に、生の本能は最も激しく、生理機能が徐々に不活発になる老年期が進むにつれて、生の本能は相対的に穏やかになっていく。

例えば、代表的な男性ホルモンであるテストステロンには、積極性の亢進、性衝動の促進、ある種の臓器の成長促進、筋肉・皮膚・骨を形成するためのタンパク利用の促進、精子生産の刺激、男性泌尿器と生殖器の育成など広範囲な作用がある。その分泌量（単位pg/ml）は、およそ、二〇歳（一〇〇〇）、三〇歳（九〇〇）、五〇歳（七〇〇）、六〇歳（六〇〇）、七〇歳（四〇〇）、八〇歳（二〇〇）というように、加齢とともに減少していく（米井嘉一『老化と寿命のしくみ』）。それにともなって、本能も相対的に弱くなっていく。

その結果、高齢になればなるほど、体力や気力が衰えて、生きること自体が煩わしく大きな疲労と感じる人が現れてくる。生きることの煩わしさや疲労から解放されるという好ましい面が、死にはあると思う人も出てくる。

2　心理的要因

（1）次の章で扱う「やりたいこと・やるべきことを全て実行する」ための機会は、長く生きれば、それだけ増える。それらの欲求を何度も繰り返して満足させていくうちに、新鮮な喜びや感動が減少していき、それらに飽きる気持ちが生まれてくる。その結果、人生全体に対する執着心や愛着心も弱まっていく。

（2）人生には幼年期・青年期・壮年期・老年期という発達段階があり、それに対応して成長や収穫がある。老年期には老年期としての収穫があるので、それを経ることによって、人生の全てを体験したという気になれる。例えば、壮年期は、従事している職業に固有の価値観に影響を受けがちだが、老年期は、退職して、その影響から自由な立場で物事を見るようになるので、今まで見落としていたものに気づくようになる。だから、青年期や壮年期で死ぬ場合は、映画を終わりまで見ないで、途中で退席するような不満が残るが、老年期を経て死ぬ場合は、映画を全部見たという充足感を得られる。

（3）長寿になるまで生きると、老齢の死は自然の法則としてやむを得ないという、あきらめの気持ちも徐々に生まれてくる。多くの親しかった人の死を実際に見ていると、皆が受け入れた死を、自分も受けいれるのは自然なことだという考え方も生じてくる。自分一人だけが辛い状態に置かれ、他の仲間はそれを免れている場合は、耐えがたい苦痛を感じる。しかし、どんなに辛い状態でも、仲間も同じ状態に置かれている場合は、自分も耐えやすくなる。老齢の死はこれと似ている。
（4）長生きすればするほど、自分が愛した親、兄弟姉妹、配偶者、親しい友人たちはあの世に行ってしまう。その結果、自分一人だけがこの世に残されたような気になり、この世に自分を引き付ける力が弱くなっていく。そして、最も嫌悪していた死後の未知の世界は、親しかった人たちが行った所として、多少は親しいものに思えてくる。あの世の存在を信じなくても、自分が死ねば、今は亡き彼らと同じ世界の住人になるような気がしてくる。

以上のような生理的・心理的要因によって、高齢者の中には、「いつお迎えが来てもよい」と言う人も少なからず出てくる。しかし、どれほど長生きしても、生の本能は無くならないようだ。哲学者のバートランド・ラッセル（一八七二―一九七〇）は九七歳で亡くなるとき、「この世を去るのは、本当に嫌だ」と言っている（モリス『年齢の本』）。ただ、若いときのように生の本能が強烈で、死の恐怖に圧倒されることは、高齢になるにつれて少なくなる。そして、死を平安に受容する上で、高齢は大きな効果を持つ。

岸本英夫は死の問題に対して長寿が果す意義を次のように指摘している。

「長生きすることができるような社会をつくりだすというような単純過ぎて見落としがちなことも、生きている間の死の問題の解決方法として、大きな意味を持っていることを忘れてはならない。（中略）これは文明の恩恵である。私は、その意味で、近代社会や近代的科学技術のありがたさをつくづくと思う。血気盛んの、生命欲の旺盛な三〇代、四〇代で死ぬのと、長寿を重ね老齢になって、枯れるように死んでゆくのとでは、死の意味が大変違う」（岸本英夫『生と死』）

3　長寿を達成できない場合

日本人の平均寿命は男性七九歳、女性八六歳で（二〇〇六年）、これは長寿といえるだろう。しかし、平均寿命に達する前に亡くなる人は少なくない。それは誰にでも起こりえる。特に青年期や壮年期に亡くなる場合は、前記の生理的・心理的要因は現れてこないだろう。何らかの原因により長寿を達成できない事態を仮定して、死を平安に受容するための他の三つの条件を、若いときからできる限り実行する必要がある。それによって、死の苦しみは大きく軽減されるだろう。

2　死亡と病気の原因

日本人の二〇〇六年度の死亡原因を上から並べると、ガン（三〇%）、心疾患（一六%）、脳血管疾患（一二%）、肺炎（一〇%）、不慮の事故（四%）、自殺（三%）、老衰（三%）、その他の病気（二二%）になっている。結局、死亡原因の九割は病気で、一割が不慮の事故と自殺と老衰ということになる。
健康長寿の障害である病気にならないためには、どうすればよいのだろうか？　病気の主な原因は次の五つである。

生活習慣……ガン・心疾患・脳血管疾患などは、生活習慣病とも呼ばれる。
老化…………生活習慣病も、老化の進行によって起こりやすくなる。
病原体………肺炎は、細菌やウイルスなどの感染によって起きる。
遺伝…………糖尿病は、生活習慣と遺伝素因が深く関係している。
環境…………悪性中皮腫は、アスベスト（石綿）によって起きやすくなる。

これらの病気の原因のうち、最大の比重を占めているものは、生活習慣と老化である。老化を止める方法は、まだ開発されていないが（第Ⅰ部第1章2）、生活習慣によって老化のスピードを遅らせることはできる。病原体に対する抵抗力は、生活習慣によって高められる。遺伝的な病気も、生活習慣によって発病を抑えたり、病状をある程度コントロールできる。同じ環境にいても、発病する人と発病しない人がいるのは、生活習慣による免疫力の違いも関係している。このように、生活習慣は大部分の病気と密接に関係している。

3 良い生活習慣を実行する

生活習慣によって引き起こされる病気は、ガン・心疾患・脳血管疾患のほかに、高脂血症・高血圧・動脈硬化・糖尿病・慢性気管支炎・骨粗鬆症・歯周病・うつ病・認知症など広範囲に及ぶ。ガン・心疾患・脳血管疾患は一回の発病で死に至る場合も多い。つまり、世界最先端の治療でも治らず、予防や早期発見だけに意味がある場合も多い。生活習慣病に一度なると、完治しにくいケースも多い。

したがって、生活習慣病で一番大切なことは、治療ではなく、予防ということになる。

生活習慣病の最大の原因は文字通り生活習慣にあり、悪い生活習慣が病気を引き起こす。悪い生活習慣には、肉体的なものと精神的なものとがある。

悪い肉体的習慣……不規則な生活。アンバランスな食事。運動不足。睡眠不足。喫煙。多量の酒。

悪い精神的習慣……不快・悩み・ストレス。低い意欲。孤独。

生活習慣が良い人ほど、病気に対する抵抗力が大きく、自然治癒力が高いことが実証されている。

だから、悪い生活習慣を止めて、良い生活習慣を毎日実行することが、健康長寿を達成するための必須条件だ。良い生活習慣とは、悪い生活習慣の逆で、次のようなものである。

良い肉体的習慣……規則的な生活。バランスのとれた食事。適度な運動。十分な睡眠。禁煙と酒量の管理。

良い精神的習慣……不快感を除き、快感と意欲を保つ。親しい者との交流。

「健全なる精神は、健全なる肉体に宿る」という言葉があるが、その逆の「健全なる肉体は、健全なる精神に宿る」というのも真実で、心と身体の間には密接な相互作用がある。ストレスが原因で病気になるケースは少なくない。健康に対する精神的要因の比重は、加齢と共に大きくなる。「長寿の秘訣は?」という質問に対して、しばしば長寿者が「クヨクヨしないこと」と答えるのは、そのためだ。

この節では、良い肉体的生活習慣を扱う。良い精神的習慣のうち、「不快感を除き、快感と意欲を保つ」は第Ⅱ部第2章[3]で、「親しい者との交流」は第Ⅰ部第7章[3]で扱う。

1 規則的な生活

毎日の生活で起床や就寝や三回の食事の時刻などを不規則にすると、身体のリズムが狂って体調を崩しやすいことは、誰でも体験的に知っている。通勤や通学をしている場合は、企業や学校による拘束という面もあるが、規則的な生活になる。

退職後はこのような拘束がなくなるので、自己管理をきちんとできないと、不規則な生活になりがちだ。これは、退職後に病気になる人が増える原因の一つだ。アメリカで一〇〇歳以上の高齢者一二〇〇人に対して調査した結果、長寿の秘訣の第一位は「規則正しい生活」だった（ウォルター・ボルツ『一〇〇歳まで生きる法』）。

2　バランスのとれた食事

バランスがとれた食事にするには、次の［1］～［4］が必要だ。

［1］五大栄養素とカロリーを過不足なく摂る

五大栄養素

健康維持に必要な五大栄養素は、タンパク質・炭水化物・脂肪・ビタミン・ミネラルだ。これらを毎日どれだけ摂取すれば、バランスのとれた食事と言えるのだろうか？　そのためには、具体的にどのような食品をどれだけ食べればよいのだろうか？　これらの疑問に答えるには二つの方法がある。

一つは、厚生労働省が公表している「日本人の食事摂取基準」と「食品別の栄養成分」が、『食品成分表』(女子栄養大学)に記載されている。それに基づいて、自分が毎日食べている食品の栄養価を計算し、食事摂取基準と比較して、過不足分を明らかにする。手計算だと大変だが、パソコンを使えば容易だ。

もっと簡単なのは、食べるべき食品の種類と量を絵で示した一覧表を、市町村の保健課で入手することだ。同様のものを記載した本も売られている。

カロリー

人間は日常の活動や運動のほかに、呼吸・体温の維持、食物の消化・吸収などでエネルギー(単位はカロリー)を消費する。その合計がカロリーの必要量である。食事から摂るカロリーが、これを越えると、余分なカロリーは脂肪になって体に蓄えられて、肥満を招き、病気の原因になる。

それを防ぐためには、食事を減らすか、運動量を増やすか、両方をするしかない。カロリーの必要量は、年齢、性、活動レベルによって異なり、『食品成分表』に示されている。

[2] 四大死因のガン・心疾患・脳血管疾患・肺炎を予防する

日本人は、死亡原因の約七割を占めるガン・心疾患・脳血管疾患・肺炎のどれかの病気で死ぬ確率が高い。これらの病気を予防するために、特に注意すべきことをここで取り上げる。

ガン

ガンの原因はまだ完全に解明されていないが、予防法は発表されている。ここでは世界ガン研究基金と米国ガン研究協会が一九九七年に発表した予防法を載せる。これは世界中で書かれた四五〇〇件の学術論文を検討した結果に基づいて策定された。内容は日本の国立ガンセンターが発表している予防法よりも具体的で参考になる。

「ガン予防十五ヵ条」

① 食事——主に植物性の食物を選ぶ。
② 体重——肥満度指数（ＢＭＩ）を一八・五～二五に維持する。
③ 運動——一日に一時間活発に歩く。一週間に最低一時間、激しい運動をする。
④ 野菜と果物——いろいろな種類を一日に四〇〇～八〇〇グラム食べる。
⑤ その他の植物性食品——穀物・豆・根菜など、いろいろな種類を一日六〇〇～八〇〇グラム食べる。
⑥ アルコール——すすめられない。飲むなら男性は一日に二杯、女性は一日一杯以下に。一杯とはビールなら二五〇ミリリットル、ワインなら一〇〇ミリリットル。
⑦ 肉（牛、豚）——食べるなら、一日に八〇グラム以下。魚や鶏のほうがよい。
⑧ 脂肪——動物性を控え、植物性を適度にとる。
⑨ 食塩——一日に六グラム以下。
⑩ 貯蔵——カビの生えている可能性のある長期貯蔵物を食べない。

⑪ 保存——腐敗しやすいものは冷蔵か冷凍で保存する。
⑫ 添加物・残留物——適切な規制下では問題ない。
⑬ 料理——焦げた食品は食べない。
⑭ 栄養補助食品——この勧告に従っていれば、摂る必要はない。
⑮ タバコ——吸わない。

ガン予防十五ヵ条のうち、①、⑦、⑧は、動物性食品よりも植物性食品を、また、牛や豚の肉よりも魚や鶏をすすめている。これは、ガンと肉食の間には密接な関係があるからだ。

心疾患

心疾患の中で重要な虚血性心疾患には、狭心症・心筋梗塞・心不全などがある。心臓の筋肉に血液を送っている冠状動脈の血管が、動脈硬化により狭くなったり、つまったりして、血流が不足し、心筋へ運ばれる酸素が欠乏して心臓が機能しなくなる病気が虚血性心疾患だ。血流が極端に少なくなった場合が狭心症で、血流が全く止まり、心筋の組織の細胞が破壊されて死んでしまう場合が心筋梗塞だ。

脳血管疾患

脳血管疾患の代表である脳卒中の六〇%は脳梗塞、三〇%は脳出血、一〇%はくも膜下出血である。脳梗塞には脳血栓症と脳塞栓症がある。脳血栓症では、動脈硬化により脳の血管が狭くなり、やがてつまって（閉塞）、酸素や栄養が脳に届かなくなって、脳が機能しなくなる。脳塞栓症では、脳以外の例えば心臓の血管壁に付いた血栓（血が凝固したかたまり）が、脳に流れてきて脳の血管をふさいでしまって、脳が機能しなくなる。脳出血は高血圧のために脳内の微小動脈瘤が破裂して起こる。

動脈硬化とメタボリックシンドローム

心疾患や脳血管疾患の最大の原因である動脈硬化は、どのようにして起こるのだろうか？　動脈硬化の中で第一に注意すべき粥状動脈硬化では、血管の内壁にコレステロールや中性脂肪が沈着し、これが基になって粥状のかたまりができて、それが内腔側にふくらんで、血管の内腔を狭くする。さらに進むと、そこに血栓などができて血管がつまるようになる。そして、血管の壁は硬くなって弾力性を失い、もろくなる。

動脈硬化は誰でも加齢とともに生じるが、特にメタボリックシンドロームによって進行する。メタボリックシンドロームの判定基準は、腹囲が男性八五㎝以上、女性九〇㎝以上（国際的基準との差が大きくて、見直されそうだ）という内臓脂肪型で、かつ、次の三項目中、二項目以上が該当することである。

① 高血圧（最高血圧が一三〇 mmHg 以上、最低血圧が八五 mmHg 以上のいずれか、又は両方）

② 脂質異常（中性脂肪が一五〇 mg/dl 以上、ＨＤＬ善玉コレステロールが四〇 mg/dl 未満

のいずれか、又は両方)

③　高血糖（空腹時血糖が一一〇mg/dl以上）

動脈硬化を予防する食事

（1）高血圧の主な原因の一つである塩分を減らすために、薄味にするか、酢、コショウなど他の調味料を使うのがよい。

（2）動脈硬化の原因になる中性脂肪やコレステロールを増やす働きがある飽和脂肪酸は、肉に多量に含まれているので、タンパク源としては、肉よりも魚や大豆製品の方がよい。食品一〇〇グラムに含まれる飽和脂肪酸は、牛ひき肉五・五グラム、豚ひき肉五・七グラムに対して、鮭〇・八グラム、あじ〇・九グラム、さば三・三グラム、納豆一・五グラム、豆腐〇・七グラムだ（『食品成分表』）。

肺炎

肺炎は細菌やウイルスなどによる肺の炎症で、風邪から併発することが多い。予防するには、風邪にかからないよう、良い生活習慣を実行して、高い免疫力を維持することが大切だ。特に、ビタミンCをサプリメントで摂ることは、風邪の予防に有効だ。

シーフードベジタリアンになる

以上のように、ガン・心疾患・脳血管疾患・肺炎を予防するための注意事項は、病気別に作らなくても、「ガン予防十五ヵ条」だけでほとんどカバーできる。「ガン予防十五ヵ条」ですすめられている食事は、肉を食べないで、魚・大豆製品・卵・乳製品を食べるシーフードベジタリアンの食事に極めて近い。

事実、肉を食べない人々が、これらの病気で死ぬ確率は、普通に肉を食べている人々よりずっと低い。アメリカのセブンスデイ・アドベンティスト（ＳＤＡ）というキリスト教宗派が行った調査の対象は、二万五千人から三万五千人という多人数なので、信頼できる。ＳＤＡはベジタリアンの生活スタイルを提唱しているが、強制はしていない。調査対象者の四五％は肉を全く口にしていなかったが、二〇％の人は週に四回以上、三五％の人は週に一回から三回肉を食べていた。この調査によると、ガンによる死亡比率は、一般人を一〇〇としたとき、ＳＤＡは五三という結果が出ている。心臓病による死亡比率は、一般人を一〇〇としたとき、ＳＤＡの非肉食者は一二、ＳＤＡの肉食者は三七だった（ピーター・コックス『ぼくが肉を食べないわけ』）。

このように四大死因のガン・心疾患・脳血管疾患・肺炎を予防するためには、シーフードベジタリアンになることが非常に効果的だ。ベジタリアンになることのメリットは他にもいろいろある（第Ⅲ部第２章）。

【３】活性酸素を減らす

活性酸素は細胞に傷害を与え、老化を速め、組織の壊滅や病気を引き起こすので、対策が必要だ（第Ⅰ部第１章[2]）。

活性酸素の発生を減らす

食べ過ぎ・タバコ・多量の酒・過激なスポーツは、大量の活性酸素を発生させるので、避ける。これは、「腹八分に医者いらず」ということの理由の一つである。ハツカネズミの実験では、カロリーの摂取が多いほど、寿命が短くなるという結果が出ている。

発生した活性酸素を減らす

抗酸化物質は、発生した活性酸素を減らす働きがある。抗酸化物質を多く含む食品として、次のようなものがある。

① ビタミンC、ビタミンE、ベーターカロチンなどの抗酸化物質を含む野菜。抗酸化指数（括弧内）の高いものは、にんにく（二三・二）、ほうれん草（一七・〇）、ブロッコリー（一二・九）、たまねぎ（五・六）、なす（五・一）、キャベツ（四・八）、ジャガイモ（四・六）などである。

② セサミノールを含むゴマ、大豆イソフラボンを含む納豆や味噌、カテキンを含む緑茶や紅茶、ポリフェノールを含む赤ワインなど。

［4］よく噛み、歯を健康に保ち、便通をよくする

以上の他に、食事と関係したことで、次の二点は特に注意すべきだ。

(1)　よく噛み、歯を健康に保つ

食物を十分に噛まないと、胃の負担が増大して、胃が弱くなる。また、唾液が十分に混ざらず、消化が不十分になるので、二、三〇回は噛むことが望ましい。よく噛むためには、歯を健康に保つ必要がある。歯周病は、病原菌が歯ぐきから血管に入って、動脈硬化や糖尿病などの原因にもなる。虫歯と歯周病の予防には、歯間ブラシなどを使うていねいな歯磨きが、最低、朝と夜の二回は不可欠だ。

(2)　便通をよくする

「快眠・快食・快便」という健康のキーワードがあるように、便秘はよくない。便秘をすると、便が腸内で腐敗して、有害物質が生じ、それが腸壁から血管に入って全身に運ばれて、病気の原因になる。腹筋が腸に圧力をかけて、便を外に押し出すので、腹筋が弱くなると、便秘になりやすい。便秘を予防するには、腹筋運動のほかに、食物繊維やヨーグルトなどの摂取が効果的だ。排便時に腹部や腰をマッサージすると、腸が刺激されて排便が促される。排便は一日一回と決めないで、排尿同様、便意がある時はトイレに行く方がよい。

3　適度な運動

人間が日常の動作を支障なく円滑に行うためには、長時間、身体を動かせる持久力と、自由に動ける柔軟性と、強い力を出せる瞬発力が必要だ。

身体のすべての器官や組織は、使わなければ衰弱して、機能は低下するが、筋肉は特にそうだ。筋肉には血液循環を促進する働きがあり、心臓の筋肉の力によって全身に送られた血液は、全身の筋肉の力によって心臓に戻される。血液は栄養分と酸素を全身に運び、老廃物と二酸化炭素を取ってくるので、筋肉が衰えると、血流が悪くなり、病気の原因にもなる。

さらに、運動は心の健康のためにも必要だ。身体を適度に動かさない日は、ストレスがたまり、心の働きも低下しがちである。運動は決して苦しいものではなく、食事と同様、やり方次第で体と心に快感をもたらす。

人間の体は、元来、筋肉を使い十分に動きまわるようにつくられている。野生動物を見れば分かるように、人類の先祖も農耕牧畜を始める前は、一日のうち相当長い時間あちこち動き回って、日々の食物を探し求めなければ、生き残れなかった。それが文明の発達によって、運動不足に陥ってしまった。運動はその不自然な状態を正すものだ。このように心身の健康に効果があり、容易にできるものとして、次の三種類の運動がすすめられている。

(1)　ウォーキング

ウォーキング（歩行）は、胃腸の壁をつくり食物を消化・吸収するために働く平滑筋と、心臓の壁をつくり血液を全身に送り出すために働く心筋を鍛えるとともに、持久力を高める効果がある。一日一万歩がよいと言われるが、それが難しい場合は、息がはずむくらいの速歩きを一日三〇分ていど行えば、同様な効果が得られる。

長時間同じ姿勢で座りっぱなしの仕事をする場合は、エコノミー症候群（静脈血栓塞栓症）と同じようになることがあるので、一、二時間おきに歩いたり、体を動かしたり、青竹踏みなどをして、血液の循環を良くする必要がある。

(2) ストレッチ

筋肉を伸ばした状態を一〇～二〇秒間保つ動作を、三～五回繰り返す運動をストレッチと呼ぶ。ストレッチは筋肉に刺激を与えて柔らかくし、関節の動きを良くし、柔軟性を維持する効果がある。隠れた人気のある真向法は、ストレッチを中心とした運動である。

(3) アイソメトリックス

筋肉に力を加えたままの状態を七秒間、保つ運動をアイソメトリックスと呼ぶ。ブルワーカーのような器具を使う方法と、使わない方法がある。アイソメトリックスは、骨に付いて骨を自由に動かす骨格筋を鍛えて筋肉量を維持し、関節痛を予防し、瞬発力を高める効果がある。

4 十分な睡眠

睡眠中に、脳に不可欠な休養が行われ、成長ホルモンが分泌され、病気に対する免疫力や自然治癒力が作られ、ストレスが解消される。十分な睡眠が必要だが、寝過ぎるのも悪い。起きているとき、眠気を催さない程度の睡眠時間が望ましい。年齢差・個人差・性差・眠りの深さも関係するが、一般には、七、八時間の睡眠が適切とされている。睡眠時間と寿命の関係について日本とアメリカの調査があるが、それによると、長寿者は七、八時間の睡眠時間をとっている場合が最も多く、それより少なくても、多くても、長寿者の数は減る。

睡眠を妨げる原因が不快感や悩みや心配事の場合は、それを除く必要がある（第II部第2章[3]）。眠る前に、親しい人や楽しかったことを思い浮かべて、快い気分になれば、眠りに入りやすくなる。音楽も効果がある。夜中にトイレに行き、睡眠が中断されてしまう場合は、一日の早い時間に水分を摂るとか、男性なら前立腺肥大症のチェックなどが必要だ。

5　禁煙と酒量の管理

ガンの原因の三分の一は喫煙、三分の一は食事、残りの三分の一はその他と推定されるほど、喫煙の害は大きい。自分だけでなく、周囲の受動喫煙も有害なので、公共の場での喫煙は禁止されるようになった。

前記のガン予防十五ヵ条によると、アルコールはすすめられていない。酒の飲みすぎは、消化器のガンの他に、高血圧・高脂血症・糖尿病・痛風・肝臓病などの原因になる。適量ならば、善玉コレステロールを増やして、動脈硬化を防ぐので、全く飲まないよりも健康によいという説が、最近は有力だ。フランス人に心臓病が少ないのは、抗酸化作用があるポリフェノールを含む赤ワインをよく飲むからだと言われている。

6 老化対策

病気の原因は、生活習慣のほかにも、老化・病原体・遺伝・環境などがある。特に、老年期に入ると、老化が原因で、さまざまな病気が引き起こされる。老化の進行度は、一般の健康診断のほかに、老化度判定テストによって知ることができる。老化の原因としては、遺伝子のプログラムと活性酸素とホルモンの減少という説が有力だ（第Ⅰ部第1章[2]）。しかし、現在の抗加齢医学は、これら三つの原因をどれも安全で確実に除去できないので、老化の進行を遅らせる次善策として、主に次の方法をすすめている。

(1) 良い生活習慣とサプリメントの摂取

良い生活習慣と、ビタミンなどのサプリメントの摂取は、生活習慣病の予防だけでなく、老化の進行を遅らせるためにも効果がある。良い生活習慣の中には、活性酸素を減らす対策も含まれている。

(2) カロリー制限

生物の老化を遅らせる働きがある長寿遺伝子として、サーツー遺伝子が発見されている。これは普段は不活性状態で働いていないが、カロリー制限が行われると、活性化して寿命を延ばす働きをする。

また、カロリー制限は、活性酸素を減らす効果もあるので、老化対策として一石二鳥である。五大栄養素は基準量をきちんと摂る一方で、カロリーは必要量以上を摂らないことが、カロリー制限である。医師の日野原重明（一九一一―）は、自分の一日の必要量である一三〇〇キロカロリーに食事を制限して、「腹七分」を実行している。

7　病気の早期発見・早期治療

最善の病気対策は、病気を予防するために、これまで述べてきた良い生活習慣を実行することだ。それでも、良い生活習慣を誰も完璧にはできないし、病気の原因は生活習慣だけではないので、病気になることはある。その時大切なことは早期発見・早期治療だ。ガンのような病気でも、初期に発見して治療すれば、完治する確率が高くなったので、定期的な健康診断が欠かせない。

自覚症状が出たり、病気を見つけた後に大切なことは、治療を受ける病院・医師の選択だ。病気の種類によっては、病院・医師の選択は、病気が治るか治らないか、ときには、生か死かの選択になる。セカンド・オピニョンを聞くために検査結果を他の病院に持参することは、日本ではまだうまく機能していないので、最初に行った病院で治療を受けることになりやすい。そのため、最初に行く病院を決める前に、「もしかすると重大な病気で、入院や手術をすすめられるかも知れない。その場合、ここは最適な所か？」と自問した方がよい。

第4章　やりたいこと・やるべきことを全て実行する

死を平安に受容できない第二の原因は、「死によって、愛着や欲求の対象から永久に去らねばならない」のが耐えがたいことだ。この精神的苦痛はどうすれば耐えられる程度に軽減できるのかという問題をこの第４章で扱う。

1　人生への執着心が弱くなる方法

一般に、あるものを喪失したときの耐えがたさの度合いは、その対象に対する愛着心、執着心、欲求の強さに比例している。全ての喪失である死が耐えがたいのは、人生の諸々に対する愛着心・執着心・欲求が強いためだ。それらが弱くなれば、耐えやすくなるはずだ。

したがって先ず、日常の体験で実際に愛着心・執着心・欲求が弱くなるケースを分析して、その原因やメカニズムを調べる。次にその結果を、人生全体への執着心が弱くなるために、応用してみることだ。ある対象への執着心が弱くなるのは、一般には次の場合である。

(1) ある対象に対する欲求を繰り返し十分に満足させると、その対象に対する新鮮な感覚や欲求が薄れる。代わりに飽きる気持ちも生じて、その対象に対する欲求の強さは減少していき、執着心は弱くなる。

(2) 高齢になればなるほど、本能や欲求は若いころの激しさが減り、執着心も弱くなる。

(3) 欲求の対象に対する評価が下がると、欲求や執着心は弱くなる。

(4) 欲求を捨て去れば、執着心は無くなる。

以上のうち、(2)は「第3章　健康長寿を達成する」で、(3)は「第6章　死を容認する思想を持つ」で扱う。(4)の「欲求を捨て去れば、執着心は弱くなる」という考えは、仏教などの宗教ですすめられている。しかし、これは信仰や理性によって本来の感情や本能を抑制しているので、表面上、欲求は消え去ったように見えても、感情の奥底や無意識の世界では厳として存続していることが多い。そのため心の底には不満が残り、本当に執着心が無くなったことにはならないので、この方法は取り上げない。したがって、人生への執着心が弱くなる方法として、この章では(1)について考察する。

(1)は具体的な例で見ると分かりやすい。例えば、ある作曲家の音楽に魅せられた人間は、はじめは毎日のようにその作品を聴き続けて感動するだろう。しかしそのような状態がいつまでも続くことは稀で、作品を十分に味わい尽くした後は、執着心は弱まっていく。作品への愛着心が消えてしまった訳ではなく、それがなくても済むようになる。

風光明媚な観光地についても、初めて訪れたときは、大きな感動を受けるが、二度、三度と行くうちに、だんだん特別な印象も感激も薄れていく。やがて、そこへわざわざ行きたいと思わなくなる。人生はこれらの個々の体験や価値の集積によって成り立っているので、それら人生の構成要素の一つ一つについて執着心が弱まれば、その集合である人生全体についても執着心が弱まっていく。

少年期や青年期のころは、いろいろな体験が新鮮で感動的である。しかし、長く生きて同じような体験を何度となく繰り返していくうちに、次第にそれらに飽きて、強い魅力を感じなくなる。これは、若い人よりも老人のほうが死を受け入れやすい理由の一つだ。また、充実した生き方の努力をしてきた老人は、死を受け入れやすいと言われるのも、同じ理由によるのだろう。

死を間近にした若い人でも、自分のさまざまな欲求を満たすことは、生への未練を小さくする効果があることを、精神科医の神谷美恵子（一九一四―一九七九）は次のように指摘している。

「まだ若くして癌や白血病にかかり、あと生きる時間があまりないという人でも、宗教的に、又、哲学的に死そのものを達観できる人もある。そういう人の一番の関心事は『残された時間を出来るだけ充実させて、なすべきことをなし、味わうべきものを味わっておきたい』ということになってくる。」（『生きがいについて』）

(1)で、「ある対象に対する欲求を繰り返し十分に満足させる」と書いたが、これを人生全体に拡張し、日常の言葉で言いなおすと、「やりたいこと・やるべきことの全てを実行する」ということになる。これは人生への執着心が弱くなる方法として、大きな効果がある。

2 やりたいこと・やるべきことを見出す方法

自分が本当にやりたいこと・やるべきことは具体的に何であるかを、どうすれば見出せるであろうか？　また、それらの優先順位を決めるにはどうすればよいのだろうか？　自分の心の中は自分が一番よく知っているはずなのに、意外とこれが分かりにくい。それを明らかにする最善の方法は、次のように万能の神の存在を仮定するやりかたである。

今、自分が不治の病にかかり、半年後、または、一年後の死を宣告されたと仮定して、死ぬ前に神様が、救命を除き、ただ一つだけ願い事を叶えてくれるとしたら、何を願うか？　それが、やりたいこと・やるべきことの優先順位リスト上、第一位にくる。

次に、その願い事が叶えられた後、さらにあと一つだけ神様が願い事を叶えてくれるとしたら、何を願うか？　それが優先順位第二位にくる。このプロセスを、願い事がなくなるまで何回でも繰り返すことにより、やりたいこと・やるべきことの全てを、重要なものから順に具体的に特定することができる。願い事の全部をリストアップできなくても、少なくとも一〇位までの優先順位リストを作成すべきだ。これによって日常は意識にほとんど登らないで、意識下に存在している欲求も、表に引き出されてくる。

神への願い事を考える際、次のように、現在の自分だけでなく、過去の自分や、世間一般の価値や、心理学説も十分考慮する必要がある。また、状況の変化によって、優先順位リストは変わるので、一年に一度くらいはリストの見直しが必要だ。

1　現在の心を探究する

現在の自分の本当の欲求は何であるのかを知るためには、心を丸裸にして、自分の欲求を全部解放してさらけ出さねばならない。自分の力では実現できなくても、あるいは、自分は何も努力しなくても、神様が叶えてくれると仮定することによって、自分の本心・本音は何であるかを知ることができる。本当の欲求を知ることを妨げる要因として、次のようなことがあるので、注意する。

(1)　自分の能力・自由時間・社会の常識・道徳・規範というような制約はいったん無視して、全ては可能で、かつ、許されるという前提で、自分の欲求を列挙してみる。

(2)　本当は好きなのに、世間体のために、社会的評価の低いものは取り組まないことがある。世間体は、自分の人生を豊かな方向に作用することもあるが、逆に貧しくしてしまう場合もある。

(3) ありのままの自分の欲求を眺めて、目を背けたり否定したいほど、醜悪で恥ずかしいと感じても、それを直視する必要がある。なぜなら、己の真実の姿を知らないで、己を充実させる方法を考えることは、意味がないからである。

(4) 人間の心の中では、感情の方が理性よりも力強く、深く、持続的であるという事実を忘れてはならない。「理性は感情の奴隷である」とまで言ったヒューム（一七一一―一七七六）という哲学者もいる。理性で考えると大した価値を持っていないものが、感情の世界では、支配的な地位を占めることがある。理性と感情とは密接な関係を持ちつつ、お互いに独立した存在であり、どちらの方が優越して重要だというものではない。だから、感情と理性の両方を満たさなければ、人間は幸福になれないし、生を真に充実させることはできない。理性を過大評価し、感情を軽視した生き方をしていると、必ず大きな不満と後悔に襲われるだろう。したがって、両方の欲求を平等に公平に扱うことが大切だ。これが人間性を尊重するということである。

(5) はじめは偶然や不本意で選んだ職業も、長年それに従事した結果、その職業独特の価値観が染みついて、それを自分本来の価値観であると感じる場合もある。だから、耳を澄まして自分の心の奥からどんなささやかな声でも聴いて、本心を探り当てる。

2 過去の心を探究する

過去に抱いた欲求の方が、現在抱く欲求よりも自分にとって本質的で重要なのに、何らかの事情により、心の底に抑圧されて、現在は意識の表に現れてこないことがある。したがって、少年だった過去から現在までを振り返って、その時期その時期に、自分自身がやりたかったこと・やるべきだと思ったことを全部（実行したことも、実行しなかったことも含めて）書き出してみる。

また、どの経験や行為が実際に自分に対し大きな喜びや充実感を与えてくれたか、それを喜びや充実感の大きさの順に書き出す。そして、過去に持った欲求・価値観・喜び・充実感が、現時点で考えたとき、無視してよいのかどうかチェックする。このように、神様への願い事を決めるには、現在だけでなく、過去の心も調べる必要がある、

3　世間一般の価値を体験してみる

「いかに生きるべきか？」の答は、「自己の本質的な欲求を全て満足させる生き方をする」ことである（第Ⅰ部第1章2）。本質的なことを全て体験するためには、現在と過去の自分の心や体験を分析するだけでは不十分だ。世間一般で認められている価値にも目を向ける必要がある。

再び訪れることはないという思いで、ある外国を短期間で初めて旅行する場合、ホテルを外出して足の赴くままに毎日歩き回って、滞在日数を過ごすことはしないだろう。旅行を始める前に、信頼で

きそうなガイドブックを読んで、見るべきとされている所は全部訪れる。その後に自分の好みに基づいて行動すれば、重要なものの見落としがなく、充実した旅行になる。

オペラに接する機会がなかった人が、切符を偶然もらって行ったオペラ劇場で心から感動して、オペラを愛好するようになることはよくある。それをきっかけとして、有名なものを一通り見て、もっと好きな作品に出会うこともある。もしも、オペラの切符をもらうという偶然がなかったら、一生オペラの楽しさを知らないで終わってしまうことになる。それを避けるには、特にオペラに関心が無くても、芸術の一ジャンルとしてオペラをいくつか体験してみることだ。

人生も旅行やオペラと同じで、自分がまだ知らないことや経験していないことの中に、自分にとっても大きな価値が潜んでいる可能性がある。自分の欲求や価値観は自分固有の環境の産物であり、もし別の環境に置かれていたら、別の欲求や価値観を強く持つようになっていたかもしれない。このような危険を避けるために、世間一般に高い価値を認められているものを、頭の中ではなく、先ず、全部それなりに体験してみるべきだ。それが、「自己の本質的な欲求を全て満足させる生き方」、「永く生き続けた場合の人生と本質的には大差ない結果を、短い人生の中で得る生き方」につながるだろう。

4　心理学説を参考にする

心理学の中にも、価値について参考にすべき学説がある。その一つであるマズロー（一九〇八―一九七〇）の五段階欲求階層説によると、人間は五つの基本的欲求を持っているが、それらには優先順位がある。順位が高い方から並べると、次のとおりである。

生理的欲求……飢え・渇き・排泄・睡眠・性など。
安全欲求……恐怖・危険・苦痛からの回避・健康など。
愛情欲求……所属・愛情・親和など。
尊敬欲求……尊敬・承認・顕示・支配・名誉など。
自己実現欲求……自己達成・生きがいなど。

これら五つの欲求のうち、順位が高い欲求が満たされないと、それより低い順位の欲求は生じないという傾向がある。例えば、飢えた状態や病気で苦しい状態に置かれたら、食物への欲求（生理的欲求）や健康への欲求（安全欲求）が頭を占有して、名誉（尊敬欲求）や生きがい（自己実現欲求）への欲求を持つ余裕は生まれない。

3 やりたいこと・やるべきことを実行する方法

前節のように神様に願う方法で、自分が本当にやりたいこと・やるべきことを見出しても、それを実際に実行するのは、神様ではなく、自分である。しかし、自分がやってみても、それを実現できない場合は、どうしたらよいのだろうか？

1 障害を除く

やりたいこと・やるべきことの目標を実現できないのは、なぜか？　その原因を調べて明らかにする。目標を達成する上で障害になるものは、金・時間・努力・能力・体力・競争・環境など個々のケースで異なるだろうが、簡単にあきらめないで、その障害を除くために人事を尽くすべきだ。

その一例として、スキーヤーの三浦敬三（一九〇四―二〇〇六）を挙げる。いつまでもスキーをやりたいという目標を持ち続けた彼は、七〇歳でエベレストの氷河を、九九歳でモンブランの氷河を、一〇〇歳でロッキー山脈を滑走して、人々を驚かせた。彼の場合、リフトやゲレンデが整備された普通のスキーよりも、自分の足で登って滑る山スキーをこよなく愛した。この目標達成の最大の障害は加齢による体力の衰えだったので、自ら工夫した健康法を毎日実行して、体力の維持に努めた。

彼は八〇歳から八五歳まで、認知症になった奥さんが亡くなるまで、大変な介護生活を送る。それ以降は、一〇一歳で亡くなるまで、息子の雄一郎が同居をすすめるのを断って、一人暮しを続けた。炊事・洗濯・掃除という家事の全てを一人で行い、十一月から翌年の五月までスキーを毎年楽しみ、九八歳のとき、次のように語っている。

「一人暮らしの老人が自分で料理したものを食べて暮らしている。そういう言い方をすれば、あまり楽しくなさそうですが、スキーという大きな目標を常に意識して料理を考えているのですから、苦労しているなどとは自分ではちっとも思っていない。むしろ、毎日がとても充実しています」(『九八歳、元気の秘密』)

2　自分ができること(次善策・代替案)を実行する

人事を尽くしても障害物を除けない場合は、自分の力で実行可能な次善策・代替案に目標を変更することだ。例えば、前記の三浦敬三の場合、自分の足で登る山スキーをするだけの体力をどうしても維持できないなら、次善策として、リフトやゲレンデを利用する普通のスキーをすることだ。それでも、スキーという本質的な行為を実現できて、満足感を得られるだろう。

あるいは、ヨーロッパを一ヵ月かけて旅行したいという目標が、時間と金の制約で実行できないとする。その場合は、ヨーロッパ旅行そのものを断念しないで、代替案として、例えば一〇日間という実行可能な期間に短縮する。訪問する場所を厳選して工夫すれば、一ヵ月の場合と比べて本質的には大差ない成果を得られるだろう。そして、旅行しなかった場合と比べて、大きな充実感が生まれるだろう。

このように、やりたいこと・やるべきことを全て可能にする魔法のようなルールは、「自分にできること（次善策・代替案）を実行する」ということだ。このルールを守るべき理由として、次の三つを挙げることができる。

（1）当初の目標の代わりに、次善策や代替案を実現した場合でも、本質的には大差ない結果になる場合が多い。例えば、五〇〇万円の外国製高級車に憧れている人が、その金がなくて、一〇〇万円の日本製小型車を購入した場合はどうだろうか？　確かに、外観・振動・広さ・すわり心地・エンジン音などの付随的機能は違う。しかし、車を買う最大の目的である「移動手段」という点から見ると、どちらの車も目的地に同じ時間に着くので、結果は同じだ。一〇〇万円の新車の代わりに、五〇万円の中古車を買った場合も、そうだ。このように、いくつものレベルがあっても、その本質は大差ない場合が多い。

（2）どんな価値でもそれが実現されれば、レベルの高低にかかわらず、何も実現されない場合よりも、はるかに人生を充実させてくれる。第一の目標から得られる満足度を一〇〇としたとき、次善策や代替案から得られる満足度は、初めのうちは三〇だとしても、その差は時間の経過と共に縮まっていく。なぜなら、実現されなかった第一目標からは、当然、何の価値も入ってこないが、実現された次善物からは多くの価値を享受していくからだ。その結果、どうしても第一目標でないとダメという考え方は変化して、次善物と妥協する気持ちが生まれる。

これは、進学・就職・結婚などについても成り立つ。目標が個人的なものではなく、社会的なもの、例えば、世界中の貧困を無くすというような目標の場合、自分にできることは、わずかな寄付くらいかもしれない。それは一人の子供の飢餓を助けるだけかもしれない。しかし、何もしない場合と比べると、自分にできることはやったという喜びを感じることはできる。

（3）理想を追求することは大切である。だから、理想を捨てる必要はない。（1）の例で、一〇〇〇万円の日本車や五〇〇万円の中古車に数年間乗ってみても、それに不満で、五〇〇〇万円の外車を断念できなかったら、五ヵ年計画で貯金をして、外車を買えばよい。このように理想は心に抱きつつも、自分の手が届く目の前の価値をしっかり掴まなくてはいけない。なぜなら、ものによっては、そのような機会はその後二度と訪れず、いたずらに時が流れ、今となってはその過去に戻る術もなく、機会をしっかり掴まなかったことを深く後悔することになるからだ。

このような状況を、高校教師だった門脇一生（一九二四―　）は次のように表現している。

「手に届く花を摘め。人生は舟に乗って川を流れてゆくようなものだ。船べりに寄って岸の花を摘むときは、手の届く花しか摘めない。上流には上流の花があり、下流には下流の花がある。

しょせん自分の手の届く花しか摘めない。舟は流れる。手の届くときその花を摘まなければ、その花は永遠に去ってしまう。我々のなかには、手の届かない花をむりに取ろうとして取れず、眼前にある花をもいたずらに見逃しているものがないであろうか」（『高校生への手紙』）

第5章　自分の生命をなんらかの形で死後も存続させる

死を平安に受容できない第三の原因は、「死によって、自分が永久に無になってしまう」のが耐えがたいことだ。この精神的苦痛を耐えられる程度に軽減するため、自分の生命をなんらかの形で死後も存続させる方法を探求することが、本章の課題である。それには二つの方法がある。死後、自分が全くの無にならないために、自分の生命の代りになるものを残すことを1で提案する。「人間は死後、永久に無になってしまう」という認識に対抗する、宗教ではない考え方を2で提示する。

1　自分の生命の代りになるものを残す

ある目標を実現できないとき、なすべきことは、自分にできること（次善策・代替案）を実行することだ（第Ⅰ部第4章3）。自己の生命をそのまま存続できないとき、その代替物になるのは、自己の生命や本質が一部でも具現されているものである。自己の代りになるものとして次に挙げる子孫や作品は、自分の死後どれだけの年月この世に存在するか分からないが、生前はそれなりの慰安を与えてくれる。

1　子孫を残す

人間の生命を細胞レベルで見ると、親の遺伝子を持つ生殖細胞が分裂を続けて、子供に成長するので、子供は文字通り自己の分身といえる。今は禁止されているが、クローン人間ならば、配偶者の遺伝子は混ざらないので、より完全な分身になるだろう。個体の生命は滅びても、子孫が続く限り、細胞の生命は途絶えることなく、綿々と存続する。

以前、NHKテレビのドキュメンタリー番組で、第二次大戦で戦死した日本・ドイツ・アメリカ・ソ連の四人の兵士の記録が放送されたことがある。日本のケースは、Tという大学生が学徒動員で徴兵され、最後は戦死する話だった。Tは自分がこの世に生きた爪跡を何も残さないで、このまま滅びて無になってしまう運命に耐えられなかった。

そこで、全くの無になることを防ぐ方法として、結婚して子供を残すことを考えつく。この計画をすぐに実行に移して、生まれた女の子に素子と名づける。この赤ちゃんが大きくなった時に読んでもらうように、彼は素子様宛ての長い手紙に子供への愛情と希望を書きつづった。彼が赤ちゃんを抱いている写真、素子への手紙、そして素子が現在は主婦になって、団地で子供を育てている様子がテレビに映っていた。

この一連の行動によって、彼は、はじめの無念さをかなり軽減して、死地に赴くことができたようであった。多分、彼はそうすることによって、自分の肉体と精神が、変形されてはいても、死後も生き続ける一つの方法を見出して、ある種の安心を得たようである。子供は彼の肉体の分身としての、手紙は彼の精神の分身としての役割を果たしたのだろう。彼の肉体と精神は、子供や孫や手紙の中に、今でも形を変えて生きているように見えた。

2 作品を残す

手紙・日記・小説・詩歌など形式は何であれ、言葉は言霊とも言われるように、真情を吐露した文章は、その人の精神や魂を宿す生き物のように見える。文学的作品を読んでいると、著者が本のページの上で生々しく私に語りかけてきて、今も生きているような気がすることがある。自分が昔書いた日記を読みなおす時、その当時の心理状態が、体験した通りによみがえってくることもある。

自分の生命の延長を日記に託す心境を、岸本英夫は次のように述べている。

「戦場における兵士は薄暗い野営の燈火の下で、身の疲れもいとわず暇を見出しては、一心に手紙を書き日記をつけるという。明日にも戦場の露と消え果るかもしれぬ身のこの手紙のみは、自分と共に滅びざるものである。それは永遠の生命への懸け橋である。それにわが全生命を託した気持ちになり、ひたすらそれを凝視することによって、迫りくる死の想念を払いのけ、超えがたい死の峠を超えていこうとするのである」（『死を見つめる心』）

芸術家は自分の持ち時間の大部分を、自己表現活動に使うことができる点で幸せである。ある有名な建築家は建築家になる道を選んだ動機として、自分の死後も長い間自分の作品である建造物が残ることによって、一種の永生を得られるという考えを挙げていた。モーツァルト（一七五六―一七九一）の音楽を聴いていると、モーツァルトの肉体は無くなっているが、魂はその美しい旋律と共にまだ生き続けているようにも感じられる。

専門の芸術家でなくても、自分の精魂を込めて創ったものは、死後、雄弁にその作者の精神を周囲に発散させる。私の母は八〇歳で亡くなったが、何枚かのデッサンと油絵を遺した。その一部を家の壁に掛けてあるが、そこには母の精神の痕跡がはっきり残っている。母は若い頃画家になりたかったが、親の反対で叶わず、やっと晩年になって絵を描き始めた。写真を見て母を思い出すよりも、この絵を見るときの方がはるかに生き生きとした母を感じ取ることができる。そこには確かに母の精神が息づいているようだ。

最近は、普通の人が自分史・戦争体験・俳句・随想等を本の形にまとめることが珍しくない。このような企てによって、自分の一生全体、あるいは、自分の本質的な部分をその一冊に凝縮させて、自己の分身としてこの世に残そうとする。自分の生命の代りとしての作品は、文章の他に、絵画・陶器・工芸・書道など、その人の精魂が込められていれば何でもよく、形式に特別な制約はない。

2 無化に対抗する思想を持つ

自分の生命の代りになるものとしての子孫や作品を、残すことができないこともある。それらも、死後、数十年、数百年経てば、途絶えたり、捨てられたりするかもしれない。自分の生命が何らかの形で死後も存続すると思えるものは、子孫や作品というようなものしかないのだろうか？　死後、人間は無になるという認識に対抗する思想を、ここでは二つ挙げたい。これらの思想は、死によって肉体も精神も消滅するという精神消滅論と矛盾するものではない。

さらに無化による精神的苦痛を和らげるものとして、「世界も無になる」という未来の姿を示す。

1　人間の生命は、大自然の永遠の生成と循環の一部である

死後、肉体と精神が共に消滅する現象は、生まれる前の状態に戻ることである。生まれる前と死後の状態を、無と表現することは正しいだろうか？　「エネルギー・質量保存の法則」が示すように、無からは何も生まれないし、何かが無になることも決してない。人間は自然から生まれて、自然に戻

るというのが事実である。

自然界にバラバラにあった原子が集合して、食物という形になり、それがさらに人体という形になる。そして、死によって、また、バラバラの原子になって自然界に離散していく。こうして、人間は、死後、無になるのではなく、大自然の中に溶け込んで、形を変えて自然と共に永遠に存続する。この見方は、次の詩にも表現されている。日本では「千の風になって」という歌が有名だが、ここでは、オリジナルとされる詩を、私が直訳したものを掲載した。

私のお墓の前に立って涙を流さないでください
私はそこにいません、私は眠っていません
私は吹きわたる千の風の中にいます
私はやわらかく降る雪です
私はやさしく降る雨です
私はよく実った穀物畑です
私は朝の静けさの中にいます
私は優雅に旋回して飛んでいる
美しい鳥たちの中にいます
私は夜の星の輝きです

私は咲き誇る花の中にいます
私は静かな部屋にいます
私はさえずる鳥たちの中にいます
私は美しいものの中にいます
私のお墓の前に立って泣かないでください
私はそこにいません、私は死んでいません

レオ・バスカーリア（一九二四―一九九八）が書いた『葉っぱのフレディ』という物語では、人間は一枚の葉にたとえられている。春、木の枝に生えた葉は、夏の盛りを過ぎて冬になると、枯れて地面に落ちて、土の中で木の養分になる。翌年の春になると、その養分によって枝の上に新しい葉が生まれるので、前の葉は形を変えて生き続けると言うこともできる。

海（自然）から蒸発（誕生）した一滴の水（人間）は、雨となって空から地上に降り、河の上流から下流に向かって流れて（この世で生きること）、最後はまた海（自然）に戻る（死）。そして、また蒸発して、同じ循環を繰り返す。

以上の三つの比喩が示すように、一人の人間の生死というできごとは、大自然の永遠の生成と循環の一部である。命も他の自然現象と同様に永遠に循環するものだ。肉体と精神を分けないで、不可分の一体として扱うのが正しい。精神というものは実体ではなく、脳の働きであるから、脳独特の生理現象の一種である。精神現象も自然現象の一部であるから、肉体と切り離して扱うべきではない。

ニーチェの永遠回帰の思想は、この世界で起きることは全て、個人の生活も含め、同じことが永遠に繰り返されて起きるという考え方である。これも、自然の循環説の一つと言えるだろう。

2 人間の一生は死後、消滅しないで、別の形態で永遠に保存される

あらゆる歴史的事実は消し去ることができないで、永久に保存されている。例えば、一九四五年八月六日に広島に原子爆弾が投下されて、約二〇万人が死んだ出来事は、これを無かったことにして誰かが消し去ろうとしても、それは不可能で、永久に残る。そして数百万年が経過し、全ての記録が消滅しても、その事実は消えないで、別の形態で保存されている。このことを承認するならば、次のことも承認せざるを得ないだろう。すなわち、一人の人間がこの世に存在して営んだ一生は、たとえ無名のものであっても、本質は歴史的出来事と何ら違わないのだから、滅びずに、目には見えない形で永久に保存される。

「存在」には三つの形態がある。現在「ある」というものと、過去「あった」というものと、将来「あるだろう」というものである。現在だけが唯一の存在形態ではない。現在「ある」という存在は、今の一瞬だけであって、その直後には、全てのものが過去の存在に形態を変える。したがって、「存在」とは今の一瞬だけのことであると考える方が不自然である。

ある人がまだ生きている場合は、自分の過去を思い出せるので、過去は形態を変えて存在するという考え方を容易に了解できる。その人が死んでいる場合は、自分の過去を思い出せないが、過去は形態を変えて存在するという点では同じである。時間の経過と共に過去の存在の重みは風化していくが、これは人間にとっての感じ方の変化に過ぎない。客観的には、一瞬前の出来事も、一年前の出来事も、千年前の出来事も、過去という存在形態として、同じ重さを持ち、平等である。

3　世界も無になる

人間にとって無になるのが耐えがたい理由の一つは、自分が無化しても、世界は存続することである。もしも、自分が無化すると同時に、世界（宇宙・自然・人間）全体も無化するのであれば、自分の無化は、もっと受け容れやすくなるだろう。世界は存続するのに、自分は無化することは苦痛である。

しかし、五〇億年後には太陽が赤色巨星になって膨張し、水星と金星と地球を飲み込んでしまうので、地球も人類も消滅する（第Ⅳ部第2章②）。これは人間の感覚では世界が無になることと同じだ。宇宙の最終的な未来を見ると、本質的には宇宙全体が無化することと変わらない状態になる。ビッグバンで始まった宇宙は、ビッグフリーズで終わるからだ。ビッグフリーズとは、宇宙が膨張を続けて、絶対温度がゼロに近くなると、宇宙からは一切の物体が消滅して、光だけが存在する世界になり、その状態で永久に膨張を続けることだ（第Ⅳ部第２章[2]）。これは、世界も結局は無になるのと同じだと考えてよい。

このように、時間の大きなズレはあっても、自分だけでなく、世界も無化するという考えは、人間の無化という精神的苦痛を和らげる効果を持つ。

第6章　死を容認する思想を持つ

死を平安に受容できない第四の原因は、「生は絶対に善く（存在すべきで）、死は絶対に悪い（存在すべきでない）という通念が存在し、生と死の評価の差が絶大である」ことだ。果たして、この通念は本当に正しいのだろうか？　それを改めて問い直し、検証することがこの章の目的である。

死とは、評価が極めて高い状態から極めて低い状態への移行であるならば、死に対し大きな嫌悪と抵抗を感じるのは当然だ。なにごとでも、善い状態は長く続くことを望み、悪い状態に変わることには苦痛を感じて、できる限り回避したいと願うのは人情だ。生と死の絶大な評価の差は、なぜ形成されたのだろうか？

死は、生きていたいという希望を粉砕し、愛する人や物事から永久の別離を強制し、個人を無に帰せしめる。だから死は誰からも嫌悪され、最低の評価を受けるようになったのだろう。

しかし、その場合、世界（宇宙・自然・人間）の存在は全体として善いこと（存在すべきもの）で望ましいという前提がある。だが、その前提が本当に正しいかどうかの証明はきちんとされているわけではない。もしも、総合的に評価したとき、世界が価値（存在すべきもの）ではなく、反価値（存在すべきでないもの）だとしたら、存在すべきでない世界に生きることが望ましいとは言えないだろう。存在すべきでないもの（世界）に執着することは、合理的ではない。

第Ⅰ部第4章1で、欲求の対象に対する愛着心や執着心が弱くなる一般的なケースの一つとして、「(3)欲求の対象に対する評価が下がると、愛着心や執着心は弱くなる」と指摘した。このように、「世界に対する評価が下がると、その世界で生きることへの執着心は弱くなる」ことが、ある程度は成り立つだろう。

したがって、世界（宇宙・自然・人間）の存在は全体として善いこと（存在すべきもの）で望ましいのかどうかを1で検証し、それに基づいて生と死の評価の修正を2で行う。

1 世界は存在すべきか？──ニヒリズムとペシミズム

1 ビッグバンを起こすべきか？ 阻止すべきか？

原子力発電所は、水力や火力だけでは不足する電力を補うので、安全であれば、その存在は望ましい。だが、放射能漏れのような事故が、不可避的に起きるのであれば、原子力発電所の存在は望ましくない。電力という価値よりも、人命被害という反価値の方が大きいからだ。

このように、ある対象が生む価値（存在すべきもの）の総和が、その対象が生む反価値（存在すべきでないもの）の総和よりも大きい場合、私たちは、その対象が存在することは望ましいと考える。逆に、ある対象が生む反価値の総和が、その対象が生む価値の総和よりも大きい場合、その対象が存在することは望ましくないと考える。また、「存在すべきもの」を「価値」とか「善」と呼び、「存在すべきでないもの」を「反価値」とか「悪」と呼ぶことにする。

世界（宇宙・自然・人間）全体を評価の対象にして、世界が約一三七億年前にビッグバン（第Ⅳ部第2章[1]）で誕生したときから現在までに生み出した、価値と反価値の全てを十分に吟味して比較すれば、この世界は存在すべきか、存在すべきでないかという問題に対して答えることができる。

世界が生む価値（存在すべきもの）の総和は、世界が生む反価値（存在すべきでないもの）の総和よりも大きいので、世界は存在しないよりも、存在する方が望ましいという主張を、オプティミズム（楽天観）と呼ぶ。一方、世界が生む反価値（存在すべきでないもの）の総和は、世界が生む価値（存在すべきもの）の総和よりも大きいので、世界は存在するよりも、存在しない方が望ましいという主張を、ペシミズム（厭世観）と呼ぶ。二つの主張のどちらが事実と合致しているかを判定するために、次のような想定をしてみる。

もしも、タイムマシーンがあって、宇宙が始まった一三七億年前のビッグバンの直前に戻り、ビッグバンを起こすボタンと、ビッグバンを起こさないで、宇宙を無の状態にとどめておくボタンの、どちらかを押す自由を、私たちは与えられたと仮定する。そうしたら、私たちはどちらのボタンを押すべきだろうか？　この問いの目的は、世界の過去と現在の全体を評価することだ。この問いに答を出すために、世界の過去を二つの段階に分けて調べてみる。

第一段階は、ビッグバンが起きた一三七億年前から、多細胞動物が海中に出現する六億年前までの約一三一億年間である。この期間は感覚器官を持つ生命がまだ現れず、喜びや苦しみを感じる生物はどこにも存在しない。したがって、そこにはいかなる価値も反価値もないので、世界は存在しても存在しなくても、どちらでもよいと判断するのが妥当である。

第二段階は、多細胞動物が海中に出現してから、無数の生物が進化を遂げた現在までの六億年間である。この期間は、他の動物を食べる動物が登場し、地球上のいたるところで食うか食われるかの弱肉強食の修羅場が現出した。また、人類の誕生から現在に至る約五〇〇〇万年間に、人間は絶えず戦争を起こして、膨大な数の同胞を殺害し、無数の動物を食用に殺害してきた。他方、人間は文明・文化を発達させ、真・善・美というような価値も生んだ。世界の総合評価をするために、この第二段階で生まれた価値と反価値を、次に吟味する。

この際、ある対象が価値であるか、反価値であるか、すなわち、存在することが望ましいか、望ましくないかを判断する主体は誰かということを、決めておく必要がある。この主体は「苦しみを感じる能力を持つもの」とすることが妥当であろう。苦しみのほかに、喜びを入れなかったのは、発達段階が低い動物の場合、苦しみを感じる能力はあっても、喜びを感じる能力があるかどうか、検証できないからである。人間以外の動物は言葉で苦しみを表すことはできないが、行動によって表すことができる。したがって、人類が地上に存在しなくても、動物の立場に立って、「ビッグバンを起こすべきか？　阻止すべきか？」という問題を考えることはできる。

2　世界が生んだ価値

世界（宇宙・自然・人間）が生み出した価値（存在すべきもの）として一般に認識されているものを、自然が生んだものと、人間が生んだものに分けて考えてみる。自然が生んだ価値としては、生物が存在できる環境としての太陽・水・空気・大地などがある。人間が生んだ価値としては、農耕法・衣服・家・医療・学問・科学技術・道徳・芸術・政治など、人間の物質的・精神的所産である文明・文化を挙げることができる。これらは確かに人間の生存を可能にし、便利にし、充実させている。

しかし、世界が無のままではなく、そのために宇宙と人間の存在がどうしても必要であったと言えるような価値を、これらの中に見出すことはできるだろうか？　先ず、この世界の至高価値と言われている真・善・美について調べてみよう。

真理は世界（宇宙・自然・人間）の成り立ちを解明するものだから、もしも世界（宇宙・自然・人間）が存在していなければ、真理は必要ない。したがって、世界の成り立ちを解明するために、無の代わりに世界の存在が必要であるという論理は成立しない。病気を治療するために、わざわざ病人をつくる必要はないのと同じである。

善の中心として道徳を考えるとき、道徳は二人以上の人間がいる時に必要なものだから、人間が存在していなければ、道徳は必要ない。したがって、道徳を存在させるために、無の代わりに人間の存在が必要であるという論理は成立しない。

美を具現化した音楽や絵画や文学などの芸術作品は、それを鑑賞する人間が存在していないなら、必要ない。したがって、芸術作品を存在させるために、人間の存在が必要であるという論理は成立しない。

以上のように、世界（宇宙・自然・人間）が存在していないなら、真・善・美は必要ない。つまり、真・善・美を生むために、世界の存在が必要であるという論理は成立しない。このことは、世界が存在せず、真・善・美も存在せず、世界は全くの無であっても、支障や不都合や問題は何もないことを意味している。

世界が存在する究極的な原因は、自然法則やエネルギーや物質が存在するという事実そのことであり、それ以上さかのぼることはできないし、それ以外の原因は何もない（第Ⅳ部第２章③）。これが、世界の存在には目的や意味や必要性はない理由でもある。もしも、世界の存在に目的や理由や必要性があれば、それが世界が存在する究極的な原因にもなるからだ。

以上の考察により、「なぜ、世界は無ではなく、存在者（物理法則やエネルギーや素粒子）が存在するのか？」という問いに対しては、「存在者の存在が究極的原因である」、「世界（物理法則やエネルギーや素粒子。宇宙・自然・人間）の存在には目的や意味はない」、「世界は存在しなくて、無であってもよい」、「世界が存在する必要はない」と答えることができる。これは、世界の一つの解釈ではなく、厳然たる事実として、私たちは認めざるをえない。このような世界の認識を、ニヒリズムと呼ぶことにする。

ニヒリズムは、特にニーチェがキリスト教を否定する思想として主唱したものなので、キリスト教と対比させると、分かりやすい。キリスト教によると、神の王国という絶対的価値を出現させる目的のために、世界（宇宙・自然・人間）の存在が必要であった。だから、神が無からこの世界を創造した。このようにキリスト教は、世界が存在する根拠・理由・目的・意義・必要性を明確にしている。これに対して、ニヒリズムは、世界が存在する根拠・理由・目的・意義・必要性は無いと説いている。

3　世界が生んだ反価値

世界（宇宙・自然・人間）が生み出した反価値（存在すべきでないもの）のうち最悪なものとして、人間による人間の殺害（戦争など）、人間による動物の殺害（肉食や動物実験など）、動物による動物の殺害（捕食など）を挙げることができる。

もしも、自分や自分の家族が、これらの三つの場合のどれかと同じ仕方で殺害される場面を想像すれば、これらの行為は最悪であるという考えに誰でも同意するだろう。このような最悪な実態は第Ⅲ部に記述したので、重複するが、ここではその規模だけを示す。

戦争による死者（民間人を含む）は、一六世紀は一六〇〇万人、一七世紀は六一〇〇万人、一八世紀は七〇〇万人、一九世紀は一九四〇万人、二〇世紀は一億七八〇〇万人に達する。

世界中で毎日、牛は四〇万頭、豚は三六〇万頭、鶏は七七五〇万羽が屠畜されている。

野生動物の弱肉強食は六億年も続いているので、それによって殺害された動物の数は想像を絶している。

4　世界を総合評価する

もしも、タイムマシーンに乗ってビッグバンの直前に行き、ビッグバンが起きたら、2で挙げた価値と3で挙げた反価値の両方が生まれることを、事前に知らされると仮定する。自分は地球上にいかなる者（戦死する人間か？　人間に食べられる家畜か？　肉食動物に食べられる草食動物か？）として生まれてくるかは未定とする。そして、ビッグバンを起こすボタンと、世界を無の状態にとどめておくボタンのどちらかを押す自由を与えられたとする。そうしたら、どちらのボタンを押すべきだろうか？

2で示したように、世界は存在する必要はなく、無であってもよいのである。そのような世界を存在させるために、3で示したように、無数の人間や動物が殺害されて苦しむのは、釣り合いがとれない。

古代ローマ帝国ではコロセウムのような闘技場を帝国内にたくさん作って、そこで人間同士の殺し合いや、人間と動物の殺し合いや、動物同士の殺し合いを、市民の楽しみのために行った。もしも、あなたがタイムマシーンで古代ローマに行って皇帝になり、闘技場を建設するか、しないかの権限を与えられたら、どうするだろうか？　そこで市民が得る楽しみと、そのために払われる代償は、釣り合いがとれないと考えて、闘技場の建設を間違いなく止めるだろう。

「ビッグバンを起こすボタンを押すべきか、阻止するボタンを押すべきか？」という問題は、「闘技場を建設すべきか、止めるべきか？」という問題と、本質的に似ている。何故なら、人間が世界の存在と自分の生を望むのは、結局、広義の楽しみのためである。戦争を楽しみはしないが、望んでやってきた。今は動物を殺して肉を食べる必要はないのに、習慣にしている。野生動物の弱肉強食は、是認している。

闘技場の建設を止めるのであれば、同じ理由でビッグバンも止めざるを得ないはずだ。闘技場の建設を止めておいて、ビッグバンは起こすとしたら、それは大きな矛盾だ。

このように、世界が生み出した反価値（存在すべきでないもの）の総和は、世界が生み出した価値（存在すべきもの）の総和よりも大きいので、ビッグバンを起こすボタンよりも、阻止するボタンを押す方が論理的で正当である。したがって、世界は存在するよりも、存在しない方が望ましいことになる。これは、オプティミズムよりもペシミズムの方が事実に合致していることを意味する。

もしも、ショーペンハウアーがビッグバンのボタンのことを尋ねられたら、間違いなく「阻止するボタンを押す」と答えるだろう。なぜなら彼は次のような言葉を残しているからだ。彼の気持ちに共感しない人間はいるだろうか？

「ある神がこの世界を創ったのなら、私はそんな神になりたいとは思わない。世界の惨状が私の胸をずたずたに引き裂くだろうから」

2 生と死の評価を修正する

論理的に考えると、1で見たように、世界（宇宙・自然・人間）は存在するよりも、存在しないで、無の状態の方が望ましい。一方、人間が生を望むことは、世界の存在を望むことである。しかし、存在すべきでない世界の存続を望むことは、合理的ではなく、矛盾している。これは、「生は絶対に善く（存在すべきもの）、死は絶対に悪い（存在すべきでないもの）」という通念が、客観的な真実ではないことを意味し、生と死の評価を修正するものだ。

すなわち、生を絶対的に肯定し、死を最悪なものとして否定する立場が客観的正当性を失い、死を容認する立場が客観的正当性を獲得することである。死を容認する思想は、死を平安に受容するのに役立つだろう。なぜなら、客観的に見れば、死とは、善い世界から悪い世界への移行ではなく、悪い世界から悪くない世界への移行だからだ。

心とは、本能と感情と意志と理性という名前を持つ四人が、一つの脳の中に住んでいるようなものである（第Ⅰ部第2章3）。生と死の評価を修正して、死を容認することは、理性の立場である。

以上と同じような考え方を、ショーペンハウアーは次のように述べている。

「人生とは、存在してはならないもののことである。すなわちそれは悪である。それ故に、生より無（死）への転換が、人生の唯一の善なのである」（トルストイ『懺悔』）

ただし、この言葉によってショーペンハウアーは自殺をすすめているのでは全くない。これは、世界と生死に対する、理性による総合評価である。彼自身、自殺しなかったし、健康には細心の注意をはらって、七二歳まで生きた。自殺についての彼の見方と、自殺に反対する理由は、第Ⅱ部第2章3で取り上げる。

第7章　ニヒリズムとペシミズムに対処する

前の章で、死を容認する思想を持つことを述べ、その理由としてニヒリズムとペシミズムを挙げた。私たちはニヒリズムとペシミズムにいかに対処すべきかという問題をこの第7章で扱う。

1　ニヒリズムの対処法——価値を自由に決めて生み出す

「世界が生んだ価値」を前章で吟味・検証した結果、「世界（宇宙・自然・人間）は存在しなくて、無であってもよい」、「世界が存在する必要はない」という事実（ニヒリズム）が分かった。ニヒリズムに対しては、どのように対処するのが適切なのだろうか？　ニヒリズムという事実を変えることはできないが、その事実をどのように解釈し、対処するかは人間の自由だ。

ニヒリズムという事実から、人生は空しいという解釈を行って、絶望して、否定的な感情や考え方で人生に臨むべきだろうか？　それとも、世界は価値的に無地で白紙であるから、人間は価値を自由に決めて、自由に生きることが許されるという解釈を行って、希望を持ち、肯定的な感情や考え方で人生に臨むべきだろうか？　どちらの生き方をするかは自由である。それならば、前者よりも後者の対処法が賢明で望ましいだろう。

世界（宇宙・自然・人間）は、何らかの目的を実現するために創造されたのではなく、自然法則・エネルギー・物質の自己展開の結果として生じたものである。その事実から「生き方は人間の自由に任されている」という考えと、「自由の長所」を導き出し、「自由であれば、思想や行動や価値観を束縛するものは、何も存在しないので、人間性を自由に発揮した生き方ができる」ことを、すでに指摘した（第Ⅰ部第1章①）。これはニヒリズムの対処法になる。

「いかに生きるべきか？」という問題に対する、この本の答である「自己の本質的な欲求を全て満足させる生き方をする」ことは、ニヒリズムに対処する生き方である。なぜなら、本質的な欲求を全て満足させることは、自分で価値を自由に決めて、それを自由に生み出すことだからだ。したがって、死を平安に受容できるための条件の一つである「やりたいこと・やるべきことを全て実行する」ことは、ニヒリズムに対処する具体的方法である（第Ⅰ部第4章）。

人間が生み出す価値は、人間にとって価値があればよく、世界が存在する意義になり得なくてもよい。世界の存在意義を探究して実現することは、断念せざるを得ない。なぜなら、どこにも無いものを探すのは徒労だからだ（第Ⅰ部第6章①）。人間が自由に選び取った価値を実現することが、ニヒリズムに対する対処法である。例えば、真・善・美・愛は世界の存在意義にはなりえないが、人間にとっては大きな価値（存在すべきもの）である。

ニヒリズムに対するこのような対処法を、サルトルは次のように述べている。

『君は片方の手で何かを選び、もう一方の手でそれを価値として与える。すなわち、価値というものは、君が選ぶものである以上、結局は根拠薄弱だ』と。それに対して私は、事実そうであるのは遺憾千万だと答える。しかし父なる神を抹殺したとすれば、価値を創り出す何物かが必要になってくるのである。事はそのありのままを見なければならない。それにまた、われわれが価値をつくるということはただ、人生は先験的には意味を持たないということを意味しているに過ぎない。諸君が生きる以前においては人生は無である。しかし人生に意味を与えるのは諸君の仕事であり、価値とは諸君の選ぶこの意味以外のものではない」

「実存主義の考える人間が定義不可能であるのは、人間は最初は何ものでもないからである。人間はあとになってはじめて人間になるのであり、人間はみずからがつくったところのものになるのである。このように人間の本性は存在しない。その本性を考える神が存在しないからである。人間は、みずからそう考えるところのものであるのみならず、みずから望むところのものであり、実存してのちにみずからの考えるところのもの、実存への飛躍ののちにみずから望むところのもの、であるにすぎない。人間はみずからつくるところのもの以外の何ものでもない。以上が実存主義の第一原理なのである」（『実存主義はヒューマニズムである』）

2 ペシミズムの対処法——平和を実現する

世界が生む反価値（存在すべきでないもの）の総和は、世界が生む価値（存在すべきもの）の総和よりも大きい。故に、世界（宇宙・自然・人間）は存在するよりも、存在しない方が望ましいという認識がペシミズム（厭世観）である。（厭世観という言葉は、日常生活で「物事の悪い面ばかりを見て、悲観的に考える精神の傾向」という意味で使われることもあるが、この本では元来の意味で使う）。オプティミズムよりもペシミズムの方が事実に合致していることは、すでに検証した（第Ⅰ部第6章）。

しかし、「人間は存在しない方が望ましい」と言われても、「死にたくない。生きていたい」という強い欲求を人間は持っているので、自分の存在を否定する自殺を望まない。また、自殺は、ペシミズムが指摘する悪の問題を未解決のままにして、そこから逃げる生き方である。なぜなら、自殺しても、この世界には悪が消滅しないで、存続するからだ。他方、ペシミズムの問題を放置・無視して生きることも、問題から逃げることだ。問題から逃げないで、問題の解決に正面から取り組む生き方が望ましい。自分の存在を悪として否定する生き方ではなく、善として肯定できる生き方を選ぶべきだ。

ニヒリズムやペシミズムに悩んだトルストイも、同じように考えた。彼の場合は、最終的にはキリスト教に回帰する道を選ぶが、次のように述べている。
「第四の血路は弱気のそれである。この行き方は、人生の悪であり無意味であることを悟りながらも、せん術《すべ》の無いことを予め知って、ぐづらぐづらとそれを引きのばして行くという方法である。この部類の人々は、死の生にまさることを知ってはいるが、理性に基づく行動に出て、ひと思いに虚偽を打破して自分の一命を絶つだけの元気が無く、まるで何ものかを待っているように、ぐづらぐづらと煮え切らないその日を送って行くのである。（中略）この行き方は私にとって実にうとましく苦しかった。しかも私はこうした境地にとどまったのであった。が、今になってこれを見るに、この当時私が自分の一命を絶たなかったのは、私の考察が正しくないというおぼろげな自覚が、その原因となっていたのだった。私には今その事が分かるのである。私を生存の無意味であるという自覚に導いていった諸聖賢の思想や私の思想の道程は、実に疑う余地の無い確実なものに見えたけれども、しかも尚、私の内部には、私の判断の真実性に対する、おぼろげな懐疑が残っているのであった」（『懺悔』）
以上のように、「いかに生きるべきか？」という問いに対する答としては、「死を平安に受容できる生き方」だけでは十分ではない。このほかに「ニヒリズムやペシミズムに対処する生き方」も加える必要がある。そして、「自分自身の存在は必要か？」という問いに対しては、「自分が存在しても存在しなくても、どちらでも違わない」という答ではなく、「ペシミズムの問題に取り組むために、自分の存在は必要である」という答を持つべきだ。

ペシミズムの問題はどうすれば解決するだろうか？　それは、第Ⅰ部第6章で指摘したような世界の反価値（存在すべきでないこと）を無くして、平和を実現することだ。反価値（存在すべきでないこと）の最大規模のものは、人間が人間の命を奪う戦争と、人間が動物の命を奪う肉食の習慣と、動物が他の動物の命を奪う捕食である。これらの犠牲者を無くして、平和を実現するための具体的な方法は第Ⅲ部で考える。その前に、平和を実現するために欠かせない愛の理解を、次の節で深める。

3　愛を行為で現す

愛はニヒリズムやペシミズムを克服するほどの力を持っている。愛という言葉は、ある対象に対する愛着心・思いやり・特別な関心など、ケース・バイ・ケースで、いろいろな意味に使われていて、一義的に定義することは難しい。ここでは便宜上、以下のように愛の対象による分類を行い、その中で平和と直接に関係する②と③について考察する。

①　自己に対する愛
②　親・兄弟姉妹・配偶者・子供・友人・ペットなど、親密な者に対する愛
③　②で挙げた人たち以外の他者や動物に対する愛。②との最大の違いは親密度である。

④　異性に対する愛。配偶者は家族と異性という両面を持つ。
⑤　特定の物事（真理・美・仕事・趣味・植物など）に対する愛

1　愛の力

人生で出会う最も悲しい出来事は、親・兄弟姉妹・配偶者・子供・友人のような、親密な人を喪失することだ。親密な人に対する愛は、人間が生きる支えや原動力になることもあるほど、大きな力を持っている。

「良い生活習慣」のところで、孤独に代わる良い生活習慣として「親しい者との交流」を挙げたが（第Ｉ部第３章③）、それは主に、親密な関係にある家族や友人との交流のことである。孤独というのは、愛する者との交流が無い状態である。どれほど多くの人と会話しても、その中に愛する対象がいなければ、孤独なのだ。一方、愛する者が一人でもいれば、孤独ではない。

孤独がストレスを生みやすく、そのストレスが生命力を弱らせることを、多くの実例が示している。妻に先立たれた夫は長生きできないケースも起きる。哲学者の柳田謙十郎（一八九三―一九八三）は妻と死別した後、次のように述べている。

「彼女と別れてみて、はじめてその愛情というものがどんなに大きく深く強いものかを知った。それは私の生命そのものであった。私の生きる力そのものであった。妻の死とともに私の生きる力の大半は失われてしまったはずなのである。（中略）しかしそこにはなお残された娘たちに対する愛情がある。この娘たちへの愛情がかろうじて私を人生にふみとどまらせたのである」（『人生哲学』）

親密な家族や友人がいない場合は、それに代わるものを見つけるのが良い。親密な愛の対象は人間でなくて、犬や猫や小鳥のような小動物でもよい。ペットに話しかけることは、人に話しかけるのに近い効果があるそうだ。孤独の場合は、それが大きなストレスにならないよう、「不快感を除き、快感と意欲を保つ」ことが大切だ（第Ⅱ部第２章③）。

2　愛の根拠

孔子（前五五一―前四七九）は「自分がして欲しくないことを、人にもするな」という仁を説いた。キリスト（前四頃―二八頃）は「自分がして欲しいことを、人にもせよ」という愛を説いた。釈迦（前五六六―前四八六）は「人に喜びを与え、苦しみを取り除け」という慈悲を説いた。

これらの言葉が示すように、愛は単に心の中だけでなく、何らかの具体的な行為で現さないと、愛とは言えない。気持の上だけなら簡単だが、行為で現すには、それなりの努力や自己犠牲を要するのが、愛である。

社会の中で人間が他者と共に生きるとき、最も大切なこととして三人が到達した、仁・愛・慈悲という結論は、本質的には同じで、普遍的な真理として受け容れられてきた。三人の言葉を愛の基準として採用すると、自分の行為が愛かどうか、容易に分かる。

人は他者に対して、なぜ愛をもって行動すべきなのだろうか？　その根拠として、次のようなことが考えられる。

(1)　孔子によると、最も身近な親に対する愛から出発して、その愛の及ぶ範囲を順次拡大してゆき、終極的には全ての人間を愛すべきである。

(2)　キリストによると、神の本質は愛である。人間は神の子であることを自覚するなら、親である神に習って、愛の人になるべきである。

(3)　釈迦によると、世界は、人間と自然、自己と他者というように分割され得ず（自他不二）、本来は一つのものである。だから、自己と他者は対立しないで、一体として調和すべきである。

(4)　誰もが生まれながらにして自由・平等で、幸福を追求する権利を持っている。他者に対して苦痛を与えることは、他者のこの自然の権利を侵害することになる。

(5)　人々が愛に反した行動をとれば、社会の秩序が失われて、誰にとっても大変に住みにくい世界になってしまう。スポーツにルールが必要なように、社会生活にも愛というルールが必要である。

(6)　クジ引き理論。これは次に説明する。

クジ引き理論

個々の人間や動物が置かれている立場は、自分が選び取った場合もあるが、自分では選べない様々な偶然による場合も多い。偶然次第で、人間や動物は現在の立場ではなく、他者の立場に置かれたかもしれない。したがって、自分を他者の立場に置き換えてみることが、他者への対応を考える際に必要である。

神谷美恵子は、ライ病患者の治療に献身的な活動を始めた動機を次のように説明している（現在、ライ病はハンセン病と呼ばれている）。

「なぜ自分はライ病にならないで、あの人たちがライ病になったのだろうか？　自分の身代わりとして、あの人たちはライ病になったのである」

これをクジ引き理論で説明すると、次のようになる。一〇万人がクジ引きをして、そのクジ箱の中にライ病のクジが三本入っていれば、誰かがそのクジを引かざるを得ない。ある病気は、ある時代に一〇万人当り何人が発症するという統計上の確率がある。そうすると、ある人がそのクジを引いてくれたお蔭で、残りの人たちはライ病を免れることができたと言える。このことを彼女は、「自分の身代わり」と表現したのではないだろうか。だから、運悪くライ病のクジを引いてしまった人たちを、私たちは支援すべきだという結論が導かれる。

クジ引き理論は、いたるところで成立している。どの時代に、どの国の、どの親から生まれるかということも、くじ引きと本質的には同じである。戦争で命を失うこと・ホームレスになること・重い障害があること・貧しい国に生まれて餓死すること・家畜に生まれて人間に食べられること・草食動物に生まれて肉食動物に食べられることなどを考えるときも、クジ引き理論を適用できる。

運が悪い状況に置かれた人間や動物は、自分には関係ないと思うのは間違いだ。同じクジ箱の中から彼らがそのクジを偶然に引いてくれたおかげで、自分はそれを偶然に免れることができたに過ぎない。運が悪いクジを自分が引く確率は、その人と同じくらいにあったのである。なぜなら、この世界ではそのように引きたくないクジが一定の確率でクジ箱の中に混じっているからである。この事実に気がつけば、彼らを無視し放置して、自己の利益だけに関心を持って生きることは間違いで、彼らを支援する義務があるという考えに同意するだろう。

第II部　どうすれば幸福になれるか

人間は誰でも幸福になることを願っている。願うだけでなく、「人間は幸福になる義務がある」と言ったアラン（一八六八―一九五一）という哲学者もいる。一度しかない人生を不幸に過ごすことは、義務を怠ることだ。それでは、具体的にどのような生き方をすれば、幸福になれるのだろうか？

幸福の定義はいろいろあるが、最も包括的なものは、「自己の本質的な欲求を全て満足させる生き方」である。ということは、幸福こそ人生の目的と言ってもよいのだ。

一方、「いかに生きるべきか」という問題の答も「自己の本質的な欲求を全て満足させる生き方」である（第Ⅰ部第1章②）。そのために必要なことが、「死を平安に受容できる生き方」と、「ニヒリズムとペシミズムに対処する生き方」だ。したがって、この二つの生き方を実行することが、「いかに生きるべきか」という課題に応えると同時に、幸福になることである。

しかし、それを実行するには、生活を支える資金と、目標を実行するための技術というものが欠かせない。そこで、「生活資金をつくる」際の問題点を第1章で取り上げ、目標実行の技術を「今日一日が幸福になる三つの習慣」として第2章でまとめた。

第1章　生活資金をつくる

毎日の生活を振り返って驚くことは、私たちが享受している物やサービスのほとんどは、自分ではなく、他人がつくったものであるという事実だ。食物も衣類も住宅も、水も電気もガスも、交通機関も医療施設も、自分がつくったものではない（農家などは別）。自分は自立しているつもりでも、実際には生活の九九％以上を他者に依存している。それらは、金を支払うだけで、手に入れることができる。消費者の立場から見ると、この社会は便利で快適だ。だが、金を得るために働く生産者の立場になると、さまざまな問題がある。一般に、一人の人間は消費者であると同時に、生産者でもある。この章では生産者としての問題点を[1]で分析し、問題の原因を[2]で明らかにし、解決方法を[3]で提示する。

[1] 職業に就く目的と問題点

1 職業に就く目的

生活資金をつくる

他人が生産した物やサービスを入手するためには、金が必要だ。金を入手するには、親に扶養されたり、大きな資産を相続しない限り、何らかの職業に就いて働かねばならない。つまり、職業を通じて自分が社会に対し何らかの価値を提供しなければ、社会から何らかの価値を受け取ることはできない。個人と社会は、金を媒介にして、与え・与えられる関係、助け・助けられる関係にある。

これに対して、必要なもの全てを自分でつくり、金を使わない自給自足的な生き方もあり得る。しかし、同じ労働時間から入手できるものは、分業社会で職業に就く場合の数十分の一とか、数百分の一といった非能率的な結果になるだろう。

経済学者のアダム・スミス（一七二三―一七九〇）は『国富論』の中で、ピンの製造を例にして、分業の効率性を証明している。ピンを製造する工程を全部で一八に細分して、針金を引き伸ばす、まっすぐにする、切断する、とがらせる、頭部をつけるために先端をみがくというように、いろいろな作業を分担して遂行させる。そうすると、一日に一〇人で四万八〇〇〇本、一人当たり四八〇〇本のピンをつくることができる。

もしも、このような分担をしないで、ピンを作る全工程を自分一人で行うと、一人の人間は一日に二〇本のピンも作れない。したがって、製造したピンを売って得られる金は二四〇倍以上の差ができる。このように現代社会では一つの職業に就いて、一つの工程や特定の物やサービスの生産に従事する方が、全てを自分でつくるよりも、多くのものを入手できる。

その反面、分業の場合は、細分化された一つの工程を毎日繰り返すので、仕事が単調になりやすい。これは後に述べるように、仕事に生きがいを見出せない原因の一つである。

人生目標を実現する

ある職業に就くことが、人生でやりたいこと・やるべきことなどの人生目標の実現に、直接につながる場合がある。例えば、音楽の演奏が好きな人が楽団員になるとか、機械の好きな人がエンジニアや自動車の整備工になるとか、人助けに大きな意義を見出す人が福祉関係の仕事をするようなケースである。

リーナス・トーバルズ（一九六九―）は、リナックスというコンピューター言語を開発して、ウィンドウズが支配するオペレーティングシステム（基本ソフト）の世界に風穴をあけた人物である。彼は、「あなたにとって、仕事とはどういう意味を持つのか？」という質問に対して、「やりたいこと、好きなことをやり、給与をもらえるハッピーな手段である」と答えている。

だが、自分がやりたいこと・やるべきことなどの人生目標と職業が一致している人は少数派で、一致していない人々が多数派だろう。リーナス・トーバルズにとっても、コンピューター言語の開発は、好きなことではあっても、人生目標のリスト上、優先順位が一位ではないだろう。

2 職業上の問題点

実際に職業に従事すると、さまざまな問題に直面する。ベルギーの社会主義者ヘンドリク・ドマンが一九二〇年代にドイツの労働者たちの労働経験を調査・分析した『労働の喜び』という本を、今村仁司（一九四二―二〇〇七）は『近代の労働観』で紹介している。ドマンは、七八人の労働者に対して、自分の労働について喜びを感じるかどうか、その理由は何かを質問し、回答者は自分の体験を率直に述べている。そこには、労働者側から見た職業上の問題が、時代や国を超えて浮き彫りになっている。その一部を次に引用する。

労働に喜びを感じないケースとその理由

◇肉体労働者（男、三二歳）――工場の騒音と汚さ、昼食時間もろくにとれないほどの監獄的工場。

しかし、仲間と連帯するときだけ、苦痛が減少する。

◇市役所の職員（男、二六歳）――単調な労働、頭を使わない労働。上司を憎いと思う。階層構造の下層にいて、人間的評価を受けないことに不満を感じるからだ。対等なつき合いと、人間的威信を認めてもらいたいと期待する。

◇鉄道労働者（男、三四歳）――低賃金、労働日の増加、休暇の減少、悪い衛生状態。しかし、独力で仕事したり、仲間と助け合うときに、苦痛が軽減する。

◇鍛造工（男、三六歳）――田舎で独立の職人であったときには喜びがあったが、大工場で働くようになってから苦痛を感じる。低賃金、長時間労働である。騒音や煙でいっぱいの環境。

労働に喜びを感じたり、感じなかったりするケースとその理由

◇傷害保険局事務員（男、二六歳）――傷害のある人々を助ける労働であるから、労働の喜びを感じる。しかし労働自体は単調であり、十年も続けていると「内面の崩壊」が生じる。何でも自分で処理できる部署にいるときに限って、内部からの情熱・威信・労働の喜びを感じ、自分の領域で主人であり、完全な人間であると実感する。

◇商会の事務員（女、二八歳）――労働自体は知的でも創意を要するものでもないが、困難を克服したり、早く仕事を完成したりすると、一種の喜びを感じる。けれども上司との人間関係が悪いので不満である。真実の喜びは信仰のなかにある。やっとそこで心地よい仕方で他人たちによって扱われ

ると感じる。そこでは人間存在として尊敬され、愛を持って人を扱う真実の理解があり、率直さがある。真実の友愛がある。

◇鉄道員（男、二四歳）――仕事（管理事務）が自分に任されているときには自由を感じるが、上司の監視と官僚機構に反発する。事務労働は全く単調で嫌悪を感じるので、労働とは別の仕事、例えば組合の仕事に満足を求めようとする。

◇タイピスト（女、二五歳）――自分の創意が発揮できるときには、喜びがあり、他人の命令のままに機械的な労働になるときには、苦痛を感じる。職場の仲間との連帯がないのが特に不満である。結局、職場の外部の労働運動に参加することの中に真実の喜びがある。

労働に喜びを感じるケースとその理由

◇百貨店の倉庫係で現場監督（男、三一歳）――仕事が単調でない、熱心に仕事ができる、自立している。

◇庭師（男、三五歳）――自立して創意を発揮して労働することができる。自治体の庭園で労働するとき、万人に役立つ仕事をしているのだと感じて喜びを感じる。

◇印刷工（男、二五歳）――創意の発揮、個人に責任が任せられる。仕事を上手に仕上げたり、複雑な機械類をこなして競争に勝つことに喜びを感じる。職場の外で、例えば政治活動をするときに、無限の喜びを感じる。

◇市役所の職員（男、三二歳）——比較的自立した仕事。昇進も容易で、休暇も長くとれる。とはいえ、役所の官僚制への反発があり、上級職員による不当な評価への怒りがある。

◇市役所の書記（男、四一歳）——孤児の保護を仕事にしている。上司と直接接触しないで独立して働くことができる。法律的知識を持つことが要求され、知的な仕事である。孤児たちが自分だけに任されていることに満足を覚える。

主な問題点

以上、従業員自身が指摘した、労働に喜びや苦痛を感じる理由に基づいて、職業の問題点を要約すると次のようになるだろう。現在の日本で働く人々も、これらの問題点を共有している。

① 賃金が低い。
② 労働時間が長い。
③ 職場の物理的環境が悪い。
④ 仕事の自由裁量度が小さい。
⑤ 職場の上下の人間関係が悪い。
⑥ 仕事に生きがいを見出せない。

[2] 職業上の問題の原因

日本でも、低賃金の非正社員や、長時間働く正社員や、危ない・汚い・うるさいなどの環境で働く人にとっては、前節で指摘した問題点のうち、①、②、③が最も切実だろう。しかし、①、②、③の問題は、職業を変えることができれば（容易ではないが）、大きな改善ができる。他方、④、⑤、⑥の問題は、企業の本質と密接な関係があるため、職業を変えても、必ずしも解決しない。したがって、ここでは、①、②、③を割愛し、④、⑤、⑥の原因を考える。

仕事の自由裁量度が小さい原因

企業は利益を最優先する論理に基づいて、組織的に運営される管理社会だ。だから、オーナー社長や個人経営者を除けば、トップから第一線の社員まで、個人の自由裁量度は、この論理と関係者の合意の範囲内に制約される。仕事の種類によっては、自由裁量度が全く認められないものもある。自由裁量度が高いように見える仕事も、狭い枠内の自由であって、自由業のような自由ではない。例えば、企業で商品を企画する仕事は、自由裁量度が非常に高いが、自分がどれほど作りたいと思うものがあっても、採算の見込みが立たなければ、それを作れないだろう。

職場の上下の人間関係が悪い原因

企業は企業目標を達成するために、研究開発・製造・販売・財務・人事・総務というような部門を作って、分業と協業を行っている。これらの部門の業務は、企業規模に応じて、さらに細分化され、最終的に一人一人の従業員に分担される。その際、仕事の分担を決めたり、仕事の結果をチェックしたり、評価をする管理的な仕事も必要になるので、管理する者と管理される者の間にあつれきが生じやすくなる。

職場の上下の人間関係が悪くなる背景には、疎外という現象もある。農家・個人商店・開業医などのように個人で独立して働く場合を除くと、人々は企業や官庁といった組織の中で働いて、サラリーという形で生活資金を得ている。サラリーマンは、組織内で生き残るために、自分がなりたい人間像ではなく、組織が望む人間像に合わせて自分を作っていく。つまり、現代の企業組織は、人間のための組織ではなく、組織のための人間という方向に、人間を作り変えていく。

その結果、一人の人間は、全人格ではなく、組織の一部品としての機能だけを問われるようになり、故障したり、不都合が生じれば、直ちに他の部品に置きかえられる存在となった。このような環境の中で毎日を過ごしているうちに、自己の存在の重みが希薄になり、唯一無二の自己の実存とアイデンティティをどこかに置き忘れてしまう。やがて、人々は自己の利益になるかどうかという打算に基づいて、他者との関係を処理するようになる。

仕事に生きがいを見出せない原因

生きがいという言葉は、さまざまな意味で使われるが、ここでは、「人生の目標に熱意をもって取り組んでいる時に生まれる充実感」と定義する。したがって、自分の人生目標と仕事の内容が直結しなければ、仕事に生きがいを見出すことは難しい。

職業とは、自分の欲求ではなく、他人の欲求を満たすことによって、その代償として金を得る行為である。一方、生きがいは自分の欲求である人生目標に取り組むことから生じるものだ。この違いが、職業に生きがいを見出しにくい最大の原因である。

また、人生目標と職業の外観が一致するように見える場合でも、実際には次のような不一致が起こる。

(1) 人生目標は一つではなくて、いくつもあり、それらの一部と職業が一致しているに過ぎないので、残りの多くの目標は職業を通じて実現できない。また、仕事の専門化・細分化が進み、一人が担当する仕事は狭い範囲に限られるため、人生目標とのズレが生じやすい。

(2) 人生目標は固定したものではなく、自分の成長や状況によって変化することがある。そのため、ある時は自分の人生目標の一部と職業が一致していても、後で不一致が起こり得る。

(3) 消費者の好みと、生産者である自分の好みが一致しないことは頻繁に起きる。そのような場合は、自分の好みを捨てて、消費者の好みに合わせなければ、金は入ってこない。これは、画家のゴッホが困窮な生活を送った原因である。

以上のようにさまざまな原因で仕事に生きがいを見出せない人々の本音を、TBS（東京放送）の監査役だった中村新（一九一七―　）は、次のように代弁している。

「サラリーマンの課題は人それぞれにあるにしても、共通して最も重要なのは、何に生き甲斐を求めるかということであろう。何とか理屈はつけても、大半の勤め人にとってサラリーマン生活の本質は空しいのである。（中略）勤めによって食べて生きていくという事実は尊重するにしても、それだけでは心を満たし得ず、人生空しいのである」（『サラリーマンの死生観』）

3　職業上の問題の解決方法

1の2で挙げた①から⑥までの職業上の問題点の中で、何が最大の問題であるかは、人が置かれた状況により違ってくる。全ての問題をここで取り上げることはできないので、最も多く、また、解決も難しいものとして、「仕事に生きがいを見出せない」という問題の解決方法を以下に示す。

(1)　自分がやりたいこと・やるべきことなど人生目標と一致する職業があるなら、そのような職業に変えることだ。だが、日本の大企業や官庁の採用は、新卒中心で年齢制限もあり、収入などが転職で不利になる場合も多い。

(2) (1)のような転職が、なんらかの事情でできない場合は、自由時間に生きがいを実現することだ。それ以外に妙案はない。職業に拘束される時間と自由時間は、一年間でくらべるとほぼ同じなので、忙しくてやりたいことができないという言い訳は成り立たない。

(1)と(2)の解決方法を実行して、生きがいのある生活を実現した実例を、次に紹介する。

人生目標と一致した職業に変える

シュバイツァー（一八七五—一九六五）は、牧師の家庭で育ったことにも影響されて、二四歳で教会の副牧師に、二七歳で大学神学科の講師になる。しかし、二一歳の時に、「私は三十歳までは学問と芸術のために生きよう。それからは、直接人類に奉仕する道を進もう」と決意する。そして、三十歳の時、医師としてアフリカに行き黒人のために生きる計画に着手する。三六歳で外科医の試験に合格し、三七歳で牧師と大学講師の職を辞めて、三八歳でアフリカに渡り医療活動を始める。

こうして、シュバイツァーは周囲の強い反対や嘲笑を無視して、オルガニストと神学者としての名声を捨て、大変な努力をして職業を変えた。それ以降、第一次世界大戦中、フランスの植民地に住むドイツ人の捕虜としてフランスの収容所に入るためヨーロッパに戻った数年間を除き、九〇歳で亡くなるまでの約五〇年間を、アフリカで黒人を助ける活動に捧げた。シュバイツァーにとって、学問（真）や芸術（美）は人生目標の一部ではあっても、優先順位の第一位は、それではなく、苦しんでいる人々を助けること（善）だった（小牧治『シュバイツァー』）。

株の仲買人の仕事に生きがいを見出せなかったゴーギャン（一八四八―一九〇三）は、日曜画家として絵を描き始めるが、三五歳の時、画業に専念するため仲買人を止める。そのため生活は困窮するが、象徴主義絵画の第一人者となる。そして、四三歳の時、ヨーロッパの文化や社会に見切りをつけて、楽園を求めてタヒチにわたる。その後、一度帰国した時期を除き、タヒチに滞在して、「われわれはどこから来たのか。われわれは何か。われわれはどこへ行くのか」など、人間存在の意味を問う絵を描き続け、五五歳の生涯を終えた。

日本でも、生きがいを求めて大自然と一体化した生活をするために、安定したサラリーマンを辞めて、農業に転職する人は珍しくない。あるいは、やっと入った大企業を数年で辞めて、収入は減っても自分の人生目標に一致した仕事を始める若者が増えている。

勤務外の自由時間を人生目標のために使う

アインシュタイン（一八七九―一九五五）は、子供の頃から宇宙の永遠の法則を読み取ろうという大望を抱いていた。チューリッヒの連邦工科大学の数学・自然科学教員コースを二一歳で卒業後、三人の級友すべてが助手の地位を与えられたのに、アインシュタインだけは、教授の妨害もあって、助手になれなかった。夜学校教師・家庭教師などを転々としていたが、二三歳のとき、級友のお父さんの推薦でベルンのスイス特許局に就職し、やっと安定した収入を得られるようになった。仕事はとくに人を興奮させるようなものではなく、「一、二の例外を除けば、むしろ魂を破壊するようなものだった」と告白している。

彼は「靴屋の仕事」とよんでいた特許局の仕事を片付けて帰宅した後は、自分が関心を持つ研究に専念した。そして、二六歳の時、光量子仮説と特殊相対性理論とブラウン運動の三つの重要な理論を発表した。この論文が認められて、三〇歳のとき特許局を辞職してチューリッヒ大学の員外教授になることを上司に伝えたとき、その上司から「うそを言うな、アインシュタイン君、そんなことは信じられないよ。ぶさいくな冗談だ」と怒鳴られている。三七歳のとき完成した一般相対性理論が、三年後にイギリスの日食観測隊によって検証されて、その名は世界的になった（ゼーリッヒ『アインシュタインの生涯』）。

アインシュタインの場合は、たまたま世界的業績に直結して有名になった例だが、誰にも知られず無名のまま終わる例は無数ある。例えば、一年の半分は東京に出て、日雇い労働で資金を稼ぎ、残りの半年は長野のアトリエで絵の創作に専念している人が実際にいる。二人は、有名、無名に関係なく、自分がやりたいこと、やるべきことを目的とし、職業をその資金作りの手段としている点で、同じ生き方をしている。

「仕事に生きがいを見出せない原因」のところで紹介した中村新は、大学卒業後、短期間サラリーマンをして、戦地に行き、復員すると、会社は無くなっていた。数年間、雑文業などの不安定な生活を送った後、三四歳でTBS(東京放送)に就職した。生活は安定し、仕事は、明るいスタジオでタレントと共に動き回り、新聞の記事になり、世間の賑やかな話題になった。しかし、やがて彼はそのような生活に真の充実感や生きがいを感じられなくなり、空しさを抱くようになる。

そして、四〇代の半ばになって、「少年の頃からずっと持ち続けていた夢」である「原稿用紙に物を書くこと」を始める。会社勤務を続けながら、帰宅後に随想などを書くことによって、生活は生きがいがあるものになった。その文章は、『文芸春秋』の随筆欄に掲載されたこともあったが、彼にとって、他人の評価は二義的なもので、文章を書くこと自体が目的であり、自分以外に誰も読む人がいなくても、書き続けると述べている(『サラリーマンの死生観』)。

モルガン銀行の東京支店長を勤め、伝説のカリスマディーラーと言われた藤巻健史(一九五〇―)は、「もし生まれ変われるなら、あるいは人生が二度あるのなら、藤巻さんはどんな仕事につきたいですか?」という質問に、仕事は生活費を稼ぐためと割り切って、次のように答えている。

「あえて言えば、サラリーマンにならず企業家を目指したいとは思うが、職業の選択にそれほどの執着はない。仕事は楽しいに越したことはないが、『仕事は本来楽しくはないからこそ、給料をもらう。楽しかったら逆に金を払うべきだ』という考え方もある。欧米人のホワイトカラーの人はむちゃくちゃ働くが、それは夏の長期バカンスや早期退職後の生活を楽しむためのように私にはみえる。余暇こそ本当の人生という人は、日本でもだんだん増えてくると思う」(『朝日新聞』）

退職後の自由時間を人生目標のために使う

ドイツに生まれたシュリーマン（一八二二―一八九〇）は、少年のとき、古代ギリシアのホメロスの叙事詩『イーリアス』を読んで、感動する。そして、それは作り話ではなく、事実であると信じて、物語の舞台となったトロイの遺跡の発掘を決意する。家が貧しくて、一四歳で商店の小僧になるが、一九歳のときアメリカで活路を開こうとして乗船した帆船が難破して、オランダの砂州に打ち上げられ、九死に一生を得る。二四歳でアムステルダムの貿易商に就職すると、六週間の独学でロシア語を習得し、ペテルスブルクに行って自分の商館を持ち、巨万の富を貯えた。

四一歳のとき、トロイ発掘という長年の夢を実現するために、すべてのビジネス活動を打ち切る。その後、パリで考古学を勉強して、四六歳で博士号を取得する。四八歳のとき、自費でトロイ発掘を始め、さらに、ミケナイ・ティリンスなどの発掘も進め、ギリシアの先史文明を初めて明らかにした。シュリーマンにとって、貿易商という職業は、少年時代からの夢を実現するための資金を稼ぎ出す手段であった（『古代への情熱』）。

一般の人にとっても、退職後の望ましい生き方は、「自分のトロイ」を発掘するために、自由時間を使うことだ。「自分のトロイ」とは、「いかに生きるべきか？」という問いに対して、自分が出した答としての人生目標のことである。退職後、人生目標に取り組むために必要な資金を、退職前から準備しておかねばならない。現代の日本のサラリーマンの場合、退職後の生活資金の主な源泉は、年金と退職金と貯金の三本柱だ。年金と退職金の額は大体予測できるので、それと退職後の必要経費との差額が、貯金の目標額になる。

高橋一也（一九二六―）は、大学卒業後、外国生活にあこがれて商社に就職する。しかし、二年後結核を患い、会社を辞めて、五年間の療養生活を送る。退院後は一時しのぎのつもりで相互銀行に中途入社する。「いつかは脱け出そう、そのつもりで勤めたが、結婚し、子供が産まれたりすると、なかなか思いどおりにはならなかった」ようだ。六一歳で退職すると、若い頃からのあこがれだった外国生活の計画に着手する。スペインに居住する準備として、語学校・料理学校・自動車教習所・陶芸教室などに通う。そして、「見込みがはずれたら、日本へ帰ってくればいい。見込みどおりだったら、ずっとそこに住みたい」という思いを胸に、妻と一緒にスペインに渡った。毎月の生活費は、厚生年金二十万円、退職年金十万円、計三十万円で賄う予定だ（加藤仁『夢ある定年』）。

第2章　今日一日が幸福になる三つの習慣

これまで、「いかに生きるべきか？」という問題の答を探究してきたが、その答を実行しない限り、幸福にはなれない。実行の機会は、今をおいて他にない。時間には過去と現在と未来があるが、過去と未来の時間を使うことはできない。私たちが使える時間は、現在の今のみである。今の重要性についてアインシュタインは、「私の永遠は、今、この瞬間なのだ。興味があるのはただ一つ。今、自分がいる場所で、目的を遂げること」と述べている。禅宗の真髄も「イマ、ココ」で全力を注ぐことだ。

しかし、時間の流れの中で、今という瞬間は生まれた直後に消えてしまうので、今日という単位で考える方が実際的だ。計画を立てたり、反省するときも、今日一日なら考えやすいが、ある瞬間を考えることは難しい。したがって、「人生の目標を実現する唯一の機会である今日一日を、どのように過ごせばよいのか？」という問題を考えることが、この章の目的である。その答を、「今日一日が幸福になる三つの習慣」としてまとめた。バランスの取れた食事や運動といった「良い生活習慣」と同じように、この三ヵ条を「毎日の生活習慣」にすれば、今日一日が幸福になるだろう。

第一条　人生の目標を今日の目標にする。
第二条　目標の達成度を高める。
第三条　不快感を除き、快感と意欲を保つ。

1　人生の目標を今日の目標にする

いつも心が向くのは、未来の或る時か、過去の或る時で、今日は軽視されやすい。今日という時間は、過去の或る時から未来の或る時を結ぶ単なる通路になりがちである。通路というものは通り過ぎる場所であって、決して目的地ではない。だが、過去と未来の時間は使えないのだから、目的地とは本当は今日のことだ。ところが、その今日一日の大部分は睡眠や食事や収入を得るための労働などに使われ、残りの自由時間も休息や気晴らしなどに使われがちである。そして、「今日をどのように過ごそうと、長い人生に大した影響はない」と考えて毎日を過ごす。

そのような仕方で毎日を積み重ねる結果、最後に「私は一生をムダに過ごしてしまった」という嘆きが生まれる。だから「いかに生きるべきか？」という本書の課題は、実際には、「今日をいかに生きるべきか？ 今日、具体的に何をなすべきか？」という問題に収束する。人生を幸福にするには、今日を幸福にしなければならない。そのためには、人生の目標を今日の目標にすることだ。

この真理をキューブラー・ロスは、次のように患者から学んだ。

「私たちが患者から学び得た最大の教訓は、多分次のことだったといえるでしょう。いよいよのときに振り返って、『神よ、私はなんと私の人生をムダに過ごしてきたことでしょうか』と嘆かなくともすむように、充分に生きるということ。(中略)この人たちはその苦しみと死にゆく過程のうちに、我々はただ現在のこの一瞬しか持っていないのだ、『だからこのいまの一瞬を存分に完全に持ちなさい、そして何があなたを動かし、生かしているかを発見しなさい、なぜなら誰もあなたにそれを見つけてくれる人はいないのだから』ということを学んだのでした」(『続死ぬ瞬間』)

同じことを兼好法師(一二八三—一三五三)は、次のように述べている。

「されば、道人は、遠く日月(過去)を惜しむべからず、ただ今の一念(一瞬)むなしく過ぐることを惜しむべし。もし人来たりて、我が命、明日は必ず失はるべしと告げ知らせたらんに、今日の暮るる間、何事かを頼み、何事かを営まん。我らが生ける今日の日、何ぞその時節に異ならん。一日の中に、飲食・便利(大小便)・睡眠・言語・行歩、止む事を得ずして、多くの時を失ふ。その餘りの暇、いくばくならぬうちに、無益の事をなし、無益の事をいひ、無益の事を思惟して、時を移すのみならず、日を消し、月をわたりて、一生をおくる、尤も愚かなり」(『徒然草』)

<table>
<tr><th colspan="4">いかに生きるべきか　→　人生の目標　→　今日の目標</th></tr>
<tr><td rowspan="24">最終目標……自己の本質的要求を全て満足する</td><td>一次目標</td><td>二次目標</td><td>三次目標</td></tr>
<tr><td>自分の哲学を確立、深化する</td><td>真理・世界・人生の知識を深める</td><td>自分の頭で考える
体験・分析・読書</td></tr>
<tr><td rowspan="13">死を平安に受容できる</td><td rowspan="5">健康長寿を達成する</td><td>バランスのとれた食事</td></tr>
<tr><td>適度な運動</td></tr>
<tr><td>十分な睡眠</td></tr>
<tr><td>快感と意欲と交流を保つ</td></tr>
<tr><td>病気の早期発見・治療</td></tr>
<tr><td rowspan="2">やりたいこと、やるべきことを全て実行する</td><td>優先順位リストの作成</td></tr>
<tr><td>自分ができることを実行する</td></tr>
<tr><td rowspan="3">自分の生命を何らかの形で死後も存続させる</td><td>子孫を残す</td></tr>
<tr><td>作品を残す</td></tr>
<tr><td>無化に対抗する思想</td></tr>
<tr><td rowspan="3">死を容認する思想を持つ</td><td>ニヒリズム</td></tr>
<tr><td>ペシミズム</td></tr>
<tr><td>生と死の評価を修正する</td></tr>
<tr><td rowspan="5">ニヒリズムとペシミズムに対処する</td><td rowspan="2">存在すべき価値を自由に決めて生む</td><td>自己の本質的欲求を全て満足する</td></tr>
<tr><td>愛を行為で現す</td></tr>
<tr><td rowspan="3">存在すべきでない反価値を無くし、平和を実現する</td><td>戦争を防止する</td></tr>
<tr><td>肉食を止める</td></tr>
<tr><td>捕食を止める</td></tr>
<tr><td rowspan="4">幸福になる</td><td>生活資金をつくる</td><td>職業上の問題を解決する</td></tr>
<tr><td rowspan="3">今日一日が幸福になる三つの習慣</td><td>人生の目標を今日の目標にする</td></tr>
<tr><td>目標の達成度を高める</td></tr>
<tr><td>不快感を除き、快感と意欲を保つ</td></tr>
</table>

目標の一覧表を作成する

人生の目標↓今日の目標になるものは、当然、「いかに生きるべきか?」という問題に対して、この本で探究してきた答である。それを一三七ページの一覧表に要約した。これはこの本全体の要約でもある。このように生き方全体の要点を、目に見える形で一覧表に整理しておけば、今日一日の目標が一目瞭然となり、これに基づいて毎日の行動ができる。

最終目標の「自己の本質的欲求を全て満足する」と一次目標の関係は、第I部第1章・第7章と第II部の初めに説明した通りである。そして、一次目標を達成するために必要なことが二次目標で、二次目標を達成するために必要なことが三次目標である。目標の下方展開は、具体的行動を直ちに起こせるレベルまで続ける。したがって、三次で終わるケースもあるし、四次、五次と続けねばならないケースもある(ここでは紙面の都合上、三次目標までしか記入していない)。

2 目標の達成度を高める

自分が人生の目標としたものが、今までにどれだけ達成されたかを調べてみると、結果はどうだろうか? 達成度は個々の目標によって違うだろうが、全体として見ると、不十分だろう。つまり、今、死が訪れたら、それを平安に受容できる状態とはほど遠いのだ。だから、人生目標の達成度を高めることが、毎日の生き方の基本である。そのためには、どうすればよいのだろうか?

今まで、「いかに生きるべきか?」という問題に対処するために、「問題解決の手順」にしたがって「最適な解決方法を選ぶ」という段階まで終えた。次は「最適な解決方法を実行する」という最後の段階に進むことになる(第I部第2章1)。これらの「最適な解決方法」が、実行すべき「目標」で、それを前節で「いかに生きるべきか→人生の目標→今日の目標」として、一覧表にまとめた。これらの目標を実現するために、具体的な実行計画を作り、それを実行に移し、結果が悪ければ原因を調べて、対策を実行する。この四つのステップを踏むことが、目標を実現する定石である。

1 目標を実現するために、具体的な実行計画を作る

実行した結果が悪い場合、やり直しにくいものもあるので、具体的な実行計画の立案は重要だ。前節1で作成した「いかに生きるべきか→人生の目標→今日の目標」の一覧表は、具体的行動を直ちに起こせるレベルまで、下方展開する必要があるが、その詳細は一覧表の上に記入できない。詳細で具体的な実行計画は、個々の目標ごとに別に書く。その実行計画に基づいて、今日、具体的に何をするかを、前日までに決めて、手帳や予定表に記入しておく。

ある目標を実行する具体的な方法は、一つではなく、何通りもあるので、先ずそれらを全て列挙した上で、長所と短所を比較して、最適な方法を選ぶことが大切だ。例えば何かを業者に注文する場合、

業者の選定を慎重にしないと、後で問題が起きる。

2　計画を実行する

計画を実行する方法は、すでに第I部第4章3で述べた通りであるが、その際、次のルールを守る。

優先順位に基づいて行動する

目標には優先順位があり（第I部第4章2）、優先順位が高い重要なものから実行するのが原則だ。二つの目標の優先順位のつけ方を迷ったら、死を平安に受容するために、どちらの方が役立つかを考えて、順位を決めればよい。

自分ができること（次善策・代替案）と妥協して、先送りしない

過去と現在を反省したとき、最大の問題点は、人生目標の達成度が低いことだ。その最大の原因は、まだ時間があると考えたり、原案にこだわって、自分ができること（次善策・代替案）と妥協しないで、先送りしたことである。手の届く花を摘まなかったことである（第I部第4章3）。

六月末や年末の死を仮定して、七月以降や来年は自分は灰になっていると本気で考えれば、何でも、自分にできること（次善策・代替案）と妥協できるはずだ。妥協することは、決して後退ではな

く、前進である。目標の達成度を高めるには、この方法しかないのである（第Ⅰ部第1章②）。

次善策・代替案は、原案と本質的に大差ない結果を生むことが多いので、妥協しないで先送りするよりも、はるかに大きな満足を得られて、後悔が少ない。先送りして悪い結果になる場合も多い（第Ⅰ部第4章③）。

理性の命令に行動を一致させ、具体的に動く

理性が「今はこれをなすべきだ」と指示しているのに、行動をなかなか起こさない場合は、行動を躊躇させているものは何かを、具体的にはっきりさせて、それに対処する。極めてつまらないことが、行動を止めていることがよくある。

やる気が起きないことが原因ならば、先ず機械的に始めることだ。やる気は、始めてから後に生まれることが多い。地面に置かれたボールは何もしなければ、いつまでたっても静止したままだが、一撃を加えれば、後は慣性の法則にしたがって遠くまで飛んでいく。

計画に対する不全感が原因ならば、計画を再検討することだ。短所があっても、それよりも総合して優れた案がなく、人事を尽くしたものであれば、それが最善案である。生きることは、選び取ることであり、それは不確実なことに賭けることだ。

頭の中でいくら熱心に計画を考えても、それだけでは何も変わらない。具体的な行動が、価値を実現する唯一の道だ。「案ずるより産むが易し」で、事前にあれこれ心配するよりも、実際にやってみ

ると、案外うまくいくことが多い。うまくいかなくても、障害物が何であるか具体的にはっきりするので、対策を考えることができる。このことを詩人で書家の相田みつを（一九二四―一九九一）は、独特の毛筆書体で次のように書き記している。

「ともかく具体的に動いてごらん。具体的に動けば具体的な答が出るから」

「アノネ、がんばんなくてもいいからさ、具体的に動くことだね」

人事を尽くす

自分にできる最善のことを全部行うことが、人事を尽くすことである。人事を尽くすことの理由や効能は以下のとおりだ。

◇人生は短く、能力も有限なので、人事を尽くさなければ、目標を十分に達成できない。
◇人事を尽くすことは、自分の意志次第でできる。
◇人事を尽くせば、人生が充実する。ある対象に熱意と努力を注ぐと、それに比例した充実感が得られることが多い。
◇人事を尽くせば、後悔が少ない。人事を尽くせば、結果が期待通りでなくても、受容しやすい。

一日を目標の実行で埋める

一定の金しか持っていないとき、ムダ使いを頻繁にすれば、金はすぐ無くなってしまう。これと同じで、時間をムダに使っておいて、「人生は短すぎる」と嘆くことはできない。目標の達成度が低い原因の一つは、時間のムダ使いにある。人生目標の達成に、直接でも間接でも役立たないことをすることが、時間のムダ使いだ。どうすれば、時間のムダ使いを止められるだろうか？　一日を目標の実行で埋めて、ムダな時間が入り込まないようにするほかない。そのためには次のことが大切だ。

(1)　今日できることを、先送りしない

目標がなかなか実現されない原因には、今日できることを、今日やらないで、先送りすることがある。そのまま次から次へ延期されて、いつまでたっても実現しない。やむを得ない理由がない限り、今日できることは、今日やってしまうことだ。今日だけが、私たちが使える唯一の時間なのだから。

(2)　退職前の注意

忙しいので、やりたいことをする時間がないというのは言い訳だ。平均的なサラリーマンが一年間に享受する自由時間は、職場で働く時間とほぼ同じであることが、次の概算で分かる。

一年の三六五日から一二九日の休日（週休二日制の一〇四日＋祝日の一五日＋有給休暇の平均取得分一〇日）を除いた二三六日が、職場に行く日である。そうすると、一年間の合計の八七六〇時間（二四時間／日×三六五日）のうち、労働の二一二四時間（八時間と残業一時間で九時間／日×二三六日）は二四％、通勤の七〇八時間（三時間／日×二三六日）は八％、睡眠の二七三七時間（七・五時間／日×三六五日）は三一％、食事・洗面・入浴などの一〇九五時間（三時間／日×三六五日）は一三％である。残りの二〇九六時間は自由時間で二四％になり、労働時間とほぼ同じだ。

これだけ長い自由時間が、思うように充実しないのは、なぜだろうか？ 原因の一つは、自宅と職場の往復と仕事によって、心身が疲れてしまい、帰宅後や休日に何かをやろうという元気があまり残されていないことだろう。そのため自由時間は休息や気晴らしに使われがちだ。他の原因としては、人生目標に対する熱意の不足や怠惰、あるいは、はっきりした人生目標を持っていないことなどがある。

結局、努力を要する人生目標は、そのうちに取り組もうということになる。このような生き方に対して、スティーヴン・リーコックは次のように警告している。

「人生の進行というものは、なんと奇妙なものだろう！ 小さな子供は『もっと大きくなったら』と口にする。だが、どうしたことだ。大きくなった子供は、『大人になったら』と言うではないか。そして大人になると、『結婚したら』が口癖となる。けれども、結婚したら、いったいどうなるか？ 考えがコロリと変わって、『隠退のあかつきには』とくる。やがて隠退が実現すると、自分の過ぎし日の光景を思い浮かべる。そこには木枯らしが吹きすさんでいるようだ。なぜか、すべてを取り逃がしたような思いがする。そして、もはや過ぎ去ろうとしている。遅ればせながら、我々は学ぶのだ。人生とは、毎日毎時間の連続の中に、身をおくことである」（デール・カーネギー『道は開ける』）。

(3)　退職後の注意

二〇歳から働いて六〇歳で退職し、八〇歳で死ぬ場合、退職後の自由時間は四〇年間の労働時間よりも、約二〇％長い。六五歳で退職した場合は、退職後の自由時間は、四五年間の労働時間の約八〇％に等しい。したがって、退職後はゴールデンエイジと呼ぶにふさわしく、この時期をどのように過ごすかによって、人生全体の充実度や幸福度は大きく左右される。

健康と収入がそれなりに維持できるときは、退職後の最大の問題は、自由時間の使い方だ。学生時代や職業時代は、目標や期限は他者から設定されることが多いが、退職後は自分で設定することになる。そのため、目標も期限も甘くなり、やっと手に入れた自由時間は無為・無駄に流れやすい。

平均寿命は八〇歳でも、健康寿命はそれよりも七歳くらい短いとされている。自分は八〇歳まで健康でいるつもりでも、いつ重い病気にかかるかもしれない。「死は前よりしも来らず。かねて後に迫れり」という兼好法師の言葉は、誰にでも当てはまることだ。

このような状況の下では、今まであくせく生きてきたのだから、退職後はのんびり過ごそうと考えていると、残された時間はあっという間に無くなってしまうだろう。たっぷりと休養に身を委ねたいのなら、それは死後の永遠の休息に任せればよい。退職後の最も望ましい生き方は、暇つぶしに何をしようかと迷うことではなく、死の準備を一日も早く終えることだ。死の準備とは、死を平安に受容できるための四つの条件を達成し、ペシミズムやニヒリズムと戦った実績を作ることである（第Ⅰ部～第Ⅲ部）。

退職後は、いわゆる老年期と重なる。「いかに生きるべきか?」という問題に対する、この本の答は、青年・壮年・老年に関係なく、どの年代にも成立する。老年期に入ったからといって、これまでとは違った新しい生き方の原理があるわけではない。活動的ではない老後を送っている人にとって、次の考え方や生き方は参考になるだろう。

「退職は、職業からの卒業であるが、成長の終わりではなく、一生続く成長の次の段階の始まりである」という生涯発達論を、心理学者のユング(一八七五―一九六一)やエリクソン(一九〇二―一九九四)は説いた。退職後、肉体は成長しなくても、認知症にならない限り、精神は本人次第で成長するからだ。

「定年からが本当の人生。生涯修行、臨終定年」を僧侶の松原泰道(一九〇七―)はモットーにしている。退職前は他者のニーズや欲求を中心に働くが、退職後は自分のニーズや欲求を中心に生きることができるからだ。人生目標は生涯を通じて追求すべきで、その追求が止むのは、退職時ではなく、最後に死ぬ時であるべきだからだ。

「老いに至りて、楽しみを増す」という言葉を、儒学者の貝原益軒(一六三〇―一七一四)は自ら実践した。そして、「老後は、若き時より月日の早き事、十倍なれば、一日を十日とし、十日を百日とし、一月を一年とし、喜楽して、あだに日を暮らすべからず。常に時日をおしむべし。(中略)老後の一日、千金にあたるべし」と忠告している(『養生訓』)。老後の一日は貴重なので、それまでの十日分くらいに濃密に充実させるべきなのに、実際は逆で、希薄で空しい一日になりがちだからだ。

これは早く流れる時間との競走のすすめである。

3　毎日、結果を確認して、悪ければ原因を調べて、対策を実行する

今日の目標の達成状況を、一日の終わりに必ずチェックする。達成率が悪い目標については、原因を突き止め、対策を実行する。

3　不快感を除き、快感と意欲を保つ

不快感（悩み・ストレス・苦痛などを含む）は人生につきものだが、それらが大きいと、目標に集中できなくなったり、目の前にある価値を味わう余裕がなくなる。さらに、生産性・創造性・柔軟性などが低下する。また、身体を健全に保つ役割を担う自律神経系・免疫系・内分泌系は、不快感の持続によってバランスを崩し、病気が引き起こされる。

米国のパーデュー大学とボストン大学は、中高年男性一六六三人（四三～九一歳）の性格の変化について十二年間追跡し、調査を始めたときに比べて神経質になった群と穏やかになった群に分け、一八年後の死亡率を比べた。すると、「神経質群」の半数が死亡していたのに対し、「穏やか群」の生存

率は七五〜八五％に達した。

大学はこの結果について、「神経質な性格の度合いは、その人の寿命をはかる物差しとなる。血圧を下げようと心がければ心臓発作のリスクが減るように、性格を円くしようと考えれば死を避けられる」と解説している。神経質な人間は、不快感に上手に対処しないで、クヨクヨ、イライラしやすいのだろう。他方、穏やかな人間は、不快感に上手に対処して、あまりクヨクヨ、イライラしないのだろう。性格を変えることは簡単ではないが、不快感に対処することは誰でもできる。

一方、快感は、目標への集中力・生産性・創造性・柔軟性などを高める。また、自律神経系・免疫系・内分泌系は、快感によって良好な状態になり、心身を健全に保つ。貝原益軒も『養生訓』の中で、「心は楽しむべし、苦しむべからず」と説いている。

以上の理由により、心から不快感を除いて、快感を保つ必要があるが、それだけでは不十分だ。心を意欲的な状態にすることが、同じくらいに重要である。消極的で意欲がない状態から、大きな成果や幸福感は生まれない。人生目標を積極的に実現しようとする意欲の強さによって、成果や幸福感とともに、心身の健康も左右される。

ここでは、不快感を除き、快感を保つ方法を1で、意欲を保つ方法を2で述べる。そして、不快感を除き、快感と意欲を保つことに失敗し、自殺という最悪事態に走ることを防ぐ方法を3で述べる。どれも大勢の人によって効果が実証されたものばかりだ。

1　不快感を除き、快感を保つ方法

不快感・ストレス・悩み・苦痛の原因から離れて、今日の目標に取組む

悩みには、悩んだ結果として、価値が生まれる建設的なものと、何の価値も生まれないで、ただ不快感だけが生まれる非建設的ものと、二種類ある。悩みに捕らえられたら、先ず、どちらの種類の悩みかを区別する。

ある物事が自分にとって何のプラスももたらさず、ただ不快な感情だけをもたらす非建設的な場合は、その対象から、直ちに物理的、心理的に離れることだ。不快な観念を頭から追い出すには、他の行為や思考に移るか、楽しいことや親しい人のことを考えることが最も効果的である。運動・会話・買物・映画・旅行などで気分転換するのもよい。早足で三〇分ていど歩くだけで、不快な気分は消えていくだろう。人間は二つのことを同時にすることはできないからだ。そして、今日の目標に集中して忙しくすれば、悩んでいる暇はなくなるだろう。

不快の原因が過去の思い出や、未来の心配の場合、ほとんどは非建設的なものだ。それは最も大切な今を台無しにしてしまう。これに対して、ジョンズ・ホプキンズ医科大学を創立した医師のウィリアム・オスラー（一八四九―一九一九）は次のアドバイスを与えている。

「過去と未来を鉄の扉で閉ざし、今日一日の枠のなかで生きよ」（デール・カーネギー『道は開け

る』）

一般的な問題解決の手順を適用する

悩みを解決するために、一般的な問題解決の手順を適用する（第I部第2章[1]）。この方法は、あらゆる種類の悩みに対して有効である。

(1) 何を悩み、不快に感じるかをはっきりさせる。
(2) 悩み・不快の原因は何かを突きとめる。
(3) 悩み・不快の原因を除却・軽減する方法を全て列挙する。
(4) 最適な解決方法を選んで、実行する。

自分にできること（次善案・代替案）を実行する

悩みや不快感の原因は、欲求や目標を実現できないことにあるケースが多い。満足度は、要求水準に対する達成度に左右されるからだ。実現できない要求水準をそのままにして成果がゼロよりも、自分にできる範囲内に要求水準を調整したり、次善案・代替案を達成して、それなりの成果を得る方が、満足感を得られて、悩みや不快感が解消・軽減する（第I部第4章[3]）。

マイナス面よりもプラス面を引き出す（楽観主義）

出来事や事実が、快・不快の感情を生むのではなく、出来事や事実の解釈の仕方が快・不快の感情を生む。したがって、不快な感情を変える方法は二つあり、出来事や事実を変えるか、解釈の仕方を変えることである。出来事や事実を変えられなければ、解釈の仕方を変えることだ。これはＡＢＣ理論（論理療法）と呼ばれている。

例えば、病気になって安静が必要になった時に、「外出できず、ベッドにずっと寝ているのは苦痛」と考えれば、不快な気分に陥る。逆に、「疲れた体を骨休めできるよい機会だ」、「今まで読めなかった本を読めるよい機会だ」、というように考えれば、前向きで楽な気分になる。

このように、ある事実や対象のプラス面はあまり見ないで、マイナス面を引き出すと（悲観主義）、不快感や悩みが生じる。逆に、マイナス面はあまり見ないで、プラス面をたくさん引き出すようにすれば（楽観主義）、快感が生じる。

悲観主義に似たものとして、取り越し苦労や妄想というものがある。あるきっかけから、裏付けのない想像を悪い方向にどんどん膨らませて、自ら苦しむ。例えば、ガンと似た症状が現れたとき、病院で診断を受ける前に、自分はガンの可能性が大きいと思い込んで悩む。あるいは、他人のちょっとした言動を、悪い方向に拡大解釈して不快になる。自ら作った空想で自ら苦しむことほど馬鹿げたことはない。妄想的心配をしないよう注意する必要がある。

相対評価ではなく、絶対評価をする

現状を理想や他と比べ、その差に注目すると、不満を感じがちだ。現状にはプラス六〇の価値があり、理想や他にはプラス八〇の価値がある場合、理想や他を基準にして、現状にマイナス二〇という評価をしがちである。その結果、現状に否定的なイメージを持ってしまう。

現状を無と比べて、プラス六〇という絶対評価に眼を向ければ、不満は小さくなる。何も無い状態と比べれば、大部分の物事はそれなりの価値を持っているので、快い気分になれる。これが本来あるべき評価法だ。例えば、電車で長時間立ったままのときは、座った状態と比べて不快になる。しかし、もしも電車がなくて、遠い目的地まで歩いて行かねばならない状態と比べれば、ありがたいと思える。

今日一日生かされている奇跡に感謝する

何の努力をしなくても、直ちに快い気分になれる方法があれば、誰でも知りたいだろう。それは、今日一日生かされている奇跡に思いをめぐらして、感謝することだ。私たちは、自分が今日生きているのは当たり前だと思っている。しかし、これは大きな間違いだ。自分という人間は、生前の無限の過去に一度も存在したことはない。死後の無限の未来にも決して存在することはない。それを考えると、今日生かされていることは奇跡でなくて、何だろうか。

自分が石や空気や植物や動物ではなく、人間として存在していることは、他のいかなることよりも素晴らしい。この奇跡的な今日をムダに過ごしたり、悩んだりすることは、もったいなさ過ぎる。他の条件がどうであれ、今日生かされていること自体がありがたい。悩みに捕われた時は、この感謝の気持ちで心の中を一杯にすれば、悩みは居場所を失い、代わりにさわやかな快感が生まれるだろう。

快感を引き出す工夫をして、価値を十分に味わう

古代ローマ人の一部には、美味しいものから得られる快感を長時間持続させるために、一度食べたものを吐き出して胃を空にし、また新しいものを食べるという習慣があったそうだ。それとは逆に、日本人は食事をするとき、あまり時間をかけないで早く食べ終わることに気を使い、味わうことは二の次になる傾向がある。これは食事だけに限らない。観光地へ行っても、美術館に行っても、入浴しても、その価値をじっくり味わおうとしないで、急いで終えようとする傾向がある。

これは、快楽を追求する生き方を是としない伝統的な倫理観が、まだ残っているせいかもしれない。価値の享受を目的として努力しているのに、肝心なことをあっさりと済ませてしまうのは、もったいないではないか。その価値に飽きるくらい、じっくり堪能すれば、快感が深まり、持続するだろう。

ちょっとした工夫をすることで、快感を引き出すことができるものだ。例えば、ウォーキングやストレッチやアイソメトリックスなどの運動をするとき（第I部第3章[3]）、快感が生じる姿勢や体位や体の動かし方があるので、それを見つけて実行すれば、運動することが楽しみになる。

前記の「マイナス面よりもプラス面を引き出す」ことによっても、快感が生じる。大事なことは、快感が自然に生まれるのを待つのではなく、いろいろな工夫をして快感を積極的に引き出し、それを

十分に味わうことを、意識して行うことだ。これが快感を保つ秘訣である。

2 意欲を保つ方法

積極的に何かをしようと思う気持ちが、やる気であり、意欲である。意欲的な状態が望ましい理由は、意欲的でない状態と比べてみれば明らかだ。意欲が強い時は、生き生きした感じ・充実感・心の張り・感受性・根気・努力など、心の働きが活発になり、目標を達成しようという気持ちになる。逆に、意欲が弱い時は、これらの心の働きが低下する。

また、意欲が低い時よりも高い時の方が、病気になりにくく、病気になっても早く回復すると言われている。快・不快の場合と同じように、意欲が高い時は、自律神経系・免疫系・内分泌系が健全に働いて、心身が活性化して生命力も高まるが、意欲が低い時は、逆に心身が不活発になり生命力も低下するのだろう。

このように意欲は非常に重要なものであるが、それが自然に生まれてこないときは、どうすればよいだろうか？

目標に具体的に取り組む

意欲的になるために、第一に効果があるのは、目標を持って、それに取り組むことだ。目標に具体的に取り組むと、それまで散逸していた精神が目標に向かって集中するとともに、目標を実現しようという意欲が生まれる。これは、意欲が生まれるのを待って、行動に移るのではなく、行動を起こすことによって、意欲を生むやりかたである。例えば、食欲があまりないときでも、実際に食べ始めると、食欲が湧いてくるのと同じだ。

刺激を与える

気持ちを意欲的にするために、第二に効果があるのは、自分に刺激を与えることだ。さまざまな刺激を受けることによって、沈滞していた心身が活性化し、それに伴って意欲的になる。例えば、運動・音楽・読書・会話・映画・演劇・旅行などが刺激になって、心が元気になり、進んで何かをやろうという意欲が生まれることが多い。刺激が少ない環境から刺激が多い環境に自らを置くことも効果が大きい。また、意欲的に生きている人の実例から刺激を受けるのもよい。具体的にどのような刺激によって意欲が高まるかは、自分の体験を観察すれば、分かるだろう。

3　自殺を防ぐ方法

大きな不快感（ストレス・悩み・苦痛なども含む）に捕われ、快感も意欲も無い状態が長く続くと、どうなるだろうか？　体だけでなく、うつなどの心の病にもなりやすくなる。そして、最悪の場合、

「生きていたい」という意欲が消えて、「死にたい」と思うようになり、一部の人は実際に自殺を試みる。

日本では、一九九八年以降、毎年三万人以上の人びとが自殺している。二〇〇六年度の場合、自殺者総数三万二一五五人の年齢構成は、二〇歳未満は二％、二〇代は一一％、三〇代は一四％、四〇代は一六％、五〇代は二二％、六〇代以降は三五％である。

自殺者の三三％の人が遺書を残している。それによると、自殺の原因は、健康問題（四一％）、経済・生活問題（二九％）、家庭問題（一〇％）、勤務問題（七％）、男女問題（三％）、学校問題（一％）、その他（六％）、不詳（三％）となっている（警察庁発表）。

健康問題は、具体的には病苦・身体的障害苦・老衰苦・身体的劣等感などで、一〇代、二〇代、三〇代、六〇代以降の第一原因である。経済・生活問題は、倒産、負債、営業不振、失業、就職の失敗、生活苦などで、四〇代、五〇代の第一原因である。

これら自殺の既遂者はやはり例外的な存在だが、自殺未遂者や自殺願望者も加えた「死にたいと思う」人は、若者を含め増えているようだ。例えば、日本新聞労働組合連合（加盟人員約三万人）が、二〇〇七年の夏に組合員に対して行った意識調査によると、「いつも死にたいと思う」人は一・四％、「ときどき死にたいと思う」人は一〇・三％で、合わせると約一二％という高率だった。健康・精神・生活・仕事の将来に不安を抱いている人が、全体の六五％以上いる現状が、背景にあるようだ。

「死にたい」という思いに至る個々のいきさつは異なり、固有の事情があり、複雑である。しかし、そのメカニズムを一般化し、単純化することはできる。ある問題に直面し、その解決や改善をできないと本人が思ったとき、苦しい状況から逃れる方法として、死を選ぶのである。苦しい状態が長く続くことによって、「生きていたい」という欲求が弱まって、死による解決を考えるようになる。

そのとき、「死にたい」という思いは、死を好むことを意味しない。なぜなら死は無になることで、いかなる喜びも与えてくれないからだ。生の苦しみの方が、死の苦しみよりも大きいと考えて、死を選ぶのである。大多数の人は、死の苦しみの方が、生の苦しみよりも大きいと考えて、生を選ぶ。この点で大きな違いがある。ここで死の苦しみというのは、死を平安に受容できない原因（第Ⅰ部第2章③）のほかに、死ぬときの肉体の苦痛も含む。

自殺者と同じ状況、あるいは、もっと悪い状況に置かれていても、大多数の人は自殺ではなく、他の方法で対処している。自殺は本来の問題対処法ではない。自殺を防ぐために大きな効果があるのは、主に次の四点だ。

(1) この節で述べた「不快感を除き、快感と意欲を保つ方法」を実行する。

(2) 自分と同じように苦しい状況に置かれた人たちは、どのように対処しているのかを調べる。その中から自分にできることを実行すれば、苦しい状況を解決・改善し、自殺を避けられるはずだ。自殺願望者の視界や考え方は極めて狭くなっているために、自殺以外に有効な方法がいろいろあることを思いつかない。

(3) 親しい人、あるいは、専門のカウンセラーに悩み事や「死にたい思い」について相談し、助言を求める。

(4) もしも、うつの症状がある場合は、専門医の診断を受け、風邪薬と同じように軽い気持ちで、抗うつ剤などを使う。なかなか完治しないケースでも、改善はできる。現代のように至るところにストレスの原因がある社会では、うつは心の風邪と言われるくらい、誰でもなりやすい。世界保健機関（WHO）は、人口の三〜六％がうつ病と推定している。自殺の約六割はうつ病によるという海外の調査結果もある。しかし、日本の自殺者のうち精神科の治療を受けていた人は四％に過ぎない。

自殺しか解決方法がないのは、どのような問題だろうか？ 耐え難い苦痛があり、薬も手術もいかなる方法も効果が無く、将来治る見込みが全く無い病気になった人が、死を望む場合、それに代わる解決方法を誰も示せないだろう。これは安楽死の一種と見なすことができる。致死性の薬物を医師が投与する積極的安楽死は、日本では認められていないが、オランダ、ベルギーなどでは法律で認められている。

自殺をすすめる哲学者として、ショーペンハウアーがよく挙げられるが、これは全くの間違いだ。次の言葉のように、かれは自殺に反対し、その理由も明確に述べている。

「もともと自殺者は生を欲しているのだ。自殺するのはただ、現在の自分が置かれている諸条件に満足できないというだけの話なのである」（『意志と表象としての世界』）。

「自殺は、この悲哀の世界からの真実の救済の代りに、単なる仮象的な救済を差し出すことによって、最高の倫理的目標への到達に反抗することになるものである」（『自殺について』）。

第Ⅲ部　平和をいかにして実現するか

日本人は第二次世界大戦で、歴史上、空前の悲惨な体験をした。そして、二度とこのような惨劇は繰り返したくないという思いで、平和を訴え続けてきた。ところが、戦後六〇年間、平和が続き、平和ボケとまで言われるようになった。今や、平和という言葉は陳腐化して、何か空疎な響きさえする。その結果、イラク戦争が起きた時も、日本政府はアメリカを支持し、それに反対する運動も国民的規模には広がらなかった。

しかし、過去、日本によって甚大な被害を受けた国や、現在、内戦や紛争の渦中にある国の人々にとっては、平和は切実である。人間だけでなく、弱肉強食の犠牲者である家畜や野生動物にとっても、平和は切実だ。

世界（宇宙・自然・人間）が生み出した反価値（存在すべきでないもの）の総和は、価値（存在すべきもの）の総和よりも大きい。その反価値のうち最も重大なものは、人間による人間の殺害、人間による動物の殺害、動物による動物の殺害である。それゆえ、存在すべきでない世界が存在している（第I部第6章・第7章）。

このペシミズムの問題を解決するために、人間と人間の間の平和を実現する方法を第1章で、人間と動物の間の平和を実現する方法を第2章で、動物と動物の間の平和を実現する方法を第3章で提案する。

第1章　人間と人間の間の平和を実現する

「一人の人間の命は地球よりも重い」という言葉は決して誇張ではない。一人ひとりの個人にとっては真実である。だが、歴史を振り返ると、その命が一本の毛のように軽く扱われることが頻繁にあり、今も世界のあちこちで起きている。人間の命が奪われる事態の中で最大規模のものは戦争である。この章では、人間と人間の間に平和を実現するために、戦争の悲惨な実態を1で確認し、その原因を2で究明し、戦争を防止するために、具体的に何をなすべきかを3で考える。

1　悲惨な戦争

戦争によって世界中で死んだ人間の数は、軍人と民間人を合わせて、一六世紀は一六〇万人、一七世紀は六一〇万人、一八世紀は七〇〇万人、一九世紀は一九四〇万人、二〇世紀は一億七八〇万人という推定がある（米年報『ワールド・ミリタリー・アンド・ソーシャル・エクスペンディチャーズ』）。

二〇世紀の戦争別の死者の概数（民間人を除く）について、上位の一〇を並べると、次のようになっている。第二次世界大戦（一九三九―四五）一五八四万人、第一次世界大戦（一九一四―一八）八五五万人、朝鮮戦争（一九五〇―五三）一八九万人、日中戦争（一九三七―四一）一〇〇万人、ナイジェリア内戦（一九六七―七〇）一〇〇万人、スペイン内戦（一九三六―三九）六一万人、ベトナム戦争（一九六一―七五）五五万人、インド・パキスタン戦争（一九四七）二〇万人、ソ連のアフガニスタン侵攻（一九七九―八九）二〇万人、イラン・イラク戦争（一九八〇―八八）二〇万人（ラッセル・アッシュ『世界なんでもｔｏｐ10』）。

戦争という言葉は、武力による国家間の闘争の意味で普通使われるが、国家内部の武力紛争（内戦）も含める方が現実的だ。人間による人間の殺害という点では、全く同じだからだ。オーストリア継承戦争（一七四〇年）からソ連のアフガニスタン侵攻（一九七九年）までの二四〇年間に起きた主要な武力紛争三七七件のうち、国家間の戦争は一五九件（四二％）で、国家内部の戦争は二一八件（五八％）という調査がある。第二次世界大戦以降では、八一件の武力紛争のうち、六四件（八〇％）が内戦である。

また、戦争による死者の中に民間人が占める比率は、第一次大戦五％、第二次大戦四八％、朝鮮戦争八五％、ベトナム戦争九五％と増加している。

いかなる戦争も残酷な結果をもたらす。しかし、戦争と平和について考えるとき、アウシュヴィッツの強制収容所と広島・長崎の原爆投下は必ず思い起こすべき原点であり続けるだろう。ここでは特に広島・長崎の原爆投下について取り上げる。

八月六日

かつて広島を訪れたとき、原爆記念館から広場に出て、一九四五年八月六日に原子爆弾が落とされた直後、そこで繰り広げられた光景を思い起こそうとした。炎熱地獄の中で、苦悶している無数の老若男女の姿を頭の中に再現しようとしたが、実際は想像をはるかに超えるものだった。

一九四五年七月一六日、アメリカのニューメキシコ州で世界で初めて行われた原子爆弾の実験は成功した。この実験と同じ日に、リトル・ボーイと命名された原爆を積んだ戦艦インディアナポリス号は、サンフランシスコから出航し、七月二六日、太平洋上のテニアン島で原爆を陸揚げした。この戦艦は、その後フィリピンに向けて航海中の七月三〇日、日本の潜水艦に撃沈され、九〇〇人の乗組員が死亡している。

八月二日、第一目標は広島、第二目標は小倉、第三目標は長崎とする爆撃命令が、テニアン基地の米軍に下った。八月六日午前〇時三七分（日本時間）、先ず、目標の広島・小倉・長崎の天候を別々に調査するため、三機の気象観測機がテニアン基地から出発した。午前一時四五分、リトル・ボーイを搭載したB29型爆撃機エノラ・ゲイ号は、爆発観測と記録撮影を任務とする二機の随伴機と共に、テニアン基地を離陸した。先に広島上空に着いた気象観測機のイーザリー少佐から、七時二五分、広島の天候が良好なので原爆を投下せよという指令を受けたエノラ・ゲイの機長ティベッツは、この時点で行き先を広島に確定した。

広島市上空の高度九六三二メートルに侵入したエノラ・ゲイの爆撃手フィヤビーは、八時一四分三〇秒、投下目標の相生橋を確認した。その三〇秒後八時一五分、照準器のガラス上の十字線の交点と相生橋が重なった瞬間に、彼は自動装置のスイッチを入れた。八時一五分一七秒、原子爆弾は機体を離れて落下を始め、四三秒後の八時一六分（広島市は八時一五分を採用）、目標地点の相生橋から二八〇メートル外れた島病院の真上の上空五八〇メートルで炸裂した。

この日の朝、広島市では午前七時二五分に警戒警報が発令されたが、七時三一分には解除されたので、人々はいつもと同じような一日（月曜日）の行動を始めていた。八時十二分、広島市の東三〇キロメートルの西条で一人の監視兵がエノラ・ゲイと二機の随伴機を見つけて、広島城の通信司令室に電話で報告した。そこから直ちに広島放送局に電話がかけられ、八時一四分にアナウンサーは近くのスタジオへ入ったが、一瞬の差で空襲警報のサイレンは間に合わなかった。

爆発の瞬間、爆心は摂氏数百万度の超高温となり、〇・一秒後には表面温度が三〇万度、半径一五メートルの紫がかった赤い火の玉になった。火の玉は熱線と放射線を放出しながら急速に膨張して、最大時には直径五〇〇メートルに成長し、約一〇秒間輝き続けた。その後しだいに冷却し、上昇して空気の抵抗を受けて、球形からドーナツ形に変化し、さらにきのこ雲に姿を変えていった。

核爆発から生じた全エネルギーの五〇％は爆風、三五％は熱線、一五％は放射線になって、それが同時に人と物に作用した。これにより、半径五〇〇メートル以内の人々はほぼ即死し、一・二キロメートル以内の人々の半数は即死か、それに近い死に方をした。爆心から二キロメートル以内の全ての建物は、鉄筋コンクリートを除き全壊・全焼し、三・六キロメートル以内の窓ガラスは全部割れた。即死を免れても、爆発後の大火災と大量の放射能により一〇日以内に死亡した人々も入れると、十一万九〇〇〇人が死亡した。そして、一九四五年末までに、約一四万人が死亡し、一九五〇年一〇月までに、約二〇万人が死亡した。

八月九日にはB29型爆撃機ボックス・カー号が、はじめ小倉上空に飛来したが、雲に遮られて目標を見出せなかった。そのため、長崎に行って、十一時二分に原爆を投下した。その結果、一九四五年末までに、約七万人が死亡し、一九五〇年一〇月までに、約十四万人が死亡した。

被爆者と私たちの関係

広島と長崎の被爆による死者のことを考えるとき、同情だけでは済まされない。彼らは私たちの身代わりになって死んでいったという事実に気づかねばならない。小倉の人は、長崎の人が自分たちの身代わりになって死んでいったことが、よく分かる。他の都市の人も、広島や長崎が選ばれなければ、自分たちの都市が標的に選ばれたかもしれないと思うだろう。

もしも、原爆投下がなかったら、戦争はもっと長引いて、米軍の本土上陸が行われただろう。事実、一九四五年十一月一日に九州へ侵攻せよという命令が、五月二十五日にマッカーサーとニミッツに出されている。そうなれば、全国で膨大な数の日本人とアメリカ人が死に、その中に私たちの祖父母や両親や私たち自身が含まれていて、現在、私たちは存在していないかもしれない。あるいは、原爆の恐ろしさが広島・長崎で実証されていなければ、第三次世界大戦が勃発したかもしれない。

このようなことを考えると、今、私たちが生きていられるのは、広島と長崎の人々の犠牲のおかげであることが分かる。ところが、広島・長崎の悲劇を他人事のように扱って、被爆者を差別したため、被爆者は被爆の体験を隠してきた。ここでもクジ引き理論が成立していて、被爆者をもっと支援することが皆の義務である（第I部第7章3）。

2 戦争の原因

戦争の原因は個々の戦争によって異なる。戦争が起きる一般的な要因を1で概観し、次に日本が起こした一五年戦争の原因を2で究明する。

1 戦争の誘発要因と抑止要因

戦争や紛争を誘発する要因は、国家間の戦争の場合は、領土の拡大、植民地支配、特別な利権や資源の獲得、市場の確保や拡大、宗教的対立、報復、自衛などである。内戦の場合は、複数勢力間の政権獲得の争い、階級・民族・宗教・イデオロギーの対立などだ。

一方、戦争や紛争を抑止する要因は、国内の批判や反対勢力、為政者や国民の倫理観、敵から蒙る人的物的損失、国際的な非難や制裁措置などである。

戦争を抑止する力が、誘発する力よりも弱くなり、さらに、戦争に勝つと予測したときに、戦争は起きる。これは、本質的に次の例と似ている。普通の人間は日常生活で法律違反をしないので、社会の安全と秩序が保たれている。それは、違反によって得られるもの（誘発要因――金など）よりも、失うもの（抑止要因――良心や罰など）の方が大きいからである。良心が麻痺したり、罰への恐れが小さくなったり、捕まらないと思ったとき、犯罪は起きる。

2　一五年戦争の原因

日本では第二次世界大戦というと、太平洋戦争を連想しがちだが、太平洋戦争は一五年戦争の最終段階として扱わないと理解できない。一九三一年の満州事変と、その後の日中間の衝突から、日中戦争（一九三七―一九四五）を経て、太平洋戦争（一九四一―一九四五）が終結するまでの一連の戦いを、一五年戦争と総称している。

一五年戦争による死者は、日本では軍人と民間人を合わせて、三二〇万人とされている。中国では軍人と民間人を合わせた死傷者は三五〇〇万人と、江沢民国家主席が一九九五年に発表している。さらに、朝鮮や東南アジアやアメリカなどの死傷者も含めると、犠牲者は膨大になる。

一五年戦争は、中国を侵略しようとする誘発要因に対して、それに反対する勢力の抑止要因が弱かったことと、無謀な戦争計画によって引き起こされた。

一五年戦争の誘発要因

第一の誘発要因は、世界的な恐慌である。アメリカでバブル化した株価の大暴落（一九二九年）から始まった恐慌は、日本にも波及して、失業率は八～九％に達し、未曾有の不況に陥り、社会不安が増大した。この恐慌を打開するには、国内だけの施策だけではなく、海外への進出も必要だという考えが軍部を中心に強くなった。これが満州事変の第一の誘因である。しかし、一九三三～一九三五年ころには恐慌から脱出しているので、一九三七年に始まった日中戦争の原因を恐慌によって説明することはできない。

第二の誘発要因は、日本の対外膨張の野望である。徳川幕府が倒された後、明治政府が富国強兵に励んだ第一の目的は、日本が西欧列強の植民地になることを防ぐことだった。しかし、その後、西欧列強をお手本にして、その植民地政策を見習い、日本も他国を植民地化する政策をとるようになった。その対外膨張の潮流の最後の段階で一五年戦争が起きた。台湾と朝鮮を植民地化した後に残されたのが、中国だったのである。

日本はすでに朝鮮の支配権をめぐる日清戦争（一八九四—九五）に勝って、台湾などを獲得した。さらに、満州や朝鮮の支配権をめぐる日露戦争（一九〇四—〇五）に勝って、日本は韓国の指導権や南満州の利権などを獲得し、一九一〇年には朝鮮を併合した。一言で言うと、満州事変と日中戦争は、台湾と朝鮮の植民地化に成功した日本が、次の目標を中国に置いた侵略戦争であり、それを制止しようとしたアメリカとの衝突が太平洋戦争である。

これら二つの要因に誘発された軍部は一九三一年に満州事変を起こし、一九三二年に日本が事実上支配する満州国を建設した。そして、満州国を足場にして中国北部の占有（満州国の西南に広がる華北地域を第二の満州国にすること）を目指した軍部は、一九三七年に日中戦争を起こし、中国全土の侵略を始めた。

一九四〇年に日独伊三国同盟が成立すると、イギリスとアメリカは中国を積極的に援助し、日米関係は破局に直面した。日本はアメリカと和平交渉を始めたが、日本に対するアメリカの最終的要求（一九四一年十一月二六日のハル・ノート）は、満州事変より前の状態に中国を戻すことであり、軍部はとうていこれに同意できなかった。

政府は一九四一年十一月五日の御前会議で、「百万の大兵を出し、十数万の戦死者、遺家族、負傷者、四年間の忍苦、数百億の国幣を費やしたり。この結果は、どうしてもこれを結実せざるべからず」と決断し、中国から撤退するわけにはいかないと考えた。そして、十二月一日の御前会議で「対米交渉は遂に成立するに至らず。帝国は対米英蘭に対し開戦す」という最終決定を下し、米国の撤兵要求を拒絶し、十二月八日に真珠湾を攻撃して、太平洋戦争が始まった。

一五年戦争の抑止要因

一五年戦争では、戦争を抑止すべき要因がほとんど機能しなかった。満州事変も日中戦争も太平洋戦争も軍部が中心になって始めた戦争だが、それに反対すべき勢力が戦争を抑止できなかった。

(1) 政治システム

議会や政府が軍部の独断的軍事行動を制止できなかった最大の要因は、非民主的な大日本帝国憲法にあった。この憲法では、天皇は立法・行政・司法の三権を掌握する最高の統治権を持ち、その下に議会や内閣や裁判所があった。また、「陸海軍は天皇が統帥する」として、軍隊は三権から独立して、直接天皇に属していた。そして、天皇自身も実際には軍隊をコントロールできなかったので、軍部は主体的に行動することができた。

(2) マスメディア

満州事変の勃発後、日中戦争の前までは、まだ言論の自由が残されていた。この時期に新聞が軍部の暴走に強く反対していれば、その後の歴史は変わったかもしれないと言われている。しかし、実際には、新聞は満州事変と満州の独立を支持して、戦争をあおる役割を果たした。その要因としては、第一に軍や右翼の圧力、第二に日本の国益の重視、第三に新聞社の社益の重視（大陸進出を歓迎する世論に反対すれば、新聞発行部数が減少する）が指摘されている。このような挙国一致の報道によって、国民が熱狂的に戦争を支持する潮流が生まれた。この世論の突き上げと軍部の圧力によって、最初は反対していた政府も満州国を承認した。

日中戦争以降は、言論統制が行われたので、新聞は自由を失い、太平洋戦争が始まると、政府の宣伝機関になった。結局、本来なら戦争の抑止要因になるべき新聞が、一五年戦争の全期間を通して、戦争の誘発要因になってしまった。

(3) 国際連盟

関東軍が満州事変を起こして、一九三二年に満州国を建設したとき、リットン調査団の報告に基づいて、国際連盟は日本軍の満州撤兵を勧告した。これを不満とした日本は国際連盟を脱退したが、勧告を強制する力を国際連盟は持たなかった。

無謀な戦争計画

一五年戦争の原因は、抑止要因が誘発要因よりも弱かったということだけではない。さらに、戦争に勝つという軍部の予想があった。戦いに負けると予想して、戦争を始める者はいない。無謀な戦争計画というべきその予想は、次のようなものだ。

第一は、中国の過小評価である。中国では一九一二年に孫文が指導する辛亥革命によって清朝が滅亡し、中華民国が成立したが、その後は軍閥が割拠し、孫文の国民党は弾圧され、分裂と混乱の状態が続いた。国民党を率いる蒋介石は一九二八年、軍閥を破って中国を統一したが、中国共産党との対立が深刻になり、内戦状態になる。このように中国は国民が分裂し、団結していなかったので、日本は短期間で勝利するだろうと見込んだ。

しかし、満州事変を契機に民間の抗日運動は激化し、国民党と共産党が休戦して、強力な抗日民族戦線を作って徹底抗戦に出た。そのため、中国の力を過小評価し、戦争の早期終結を予測していた日本軍は、泥沼化した長期戦に引き込まれた。

第二は、ドイツの過大評価と英米の過小評価である。アメリカの国力が日本よりもはるかに勝っていることは認識していたのに、なぜアメリカと戦争を始めたのだろうか？　この点について、一九四一年十一月一五日の大本営政府連絡会議で決まった「対米英蘭戦争終結促進ニ関スル腹案」に、次のように書かれている。

「蒋介石政府を屈服させる。その上でドイツ・イタリアと提携して、イギリスを屈服させ、アメリカの戦争継続意思を喪失せしめる」

これは、「日本は中国に勝つだろう。ドイツはイギリスに勝つだろう。そうすれば、アメリカは孤立して戦意を喪失し、日本に有利な講和を結ぶだろう。その時まで、日本はがんばればよい」ということを意味している。つまり、アメリカと戦争を始めた時から、自力で勝つための戦略は持たないで、イギリスの敗北とアメリカの戦意喪失を前提とした戦争計画を立てていた。日本の指導者は、このように無謀な戦争計画に基づいて、国家の命運を決める太平洋戦争を引き起こした。

現実には、ドイツはソ連やアメリカの底力に対抗できず、イギリスは敗北せず、アメリカは真珠湾の奇襲によって逆に戦意が高揚した。

アメリカ戦略爆撃調査団の『太平洋戦争報告書』にも、次のように日本の無謀な戦争計画が指摘されている。

「日本の根本的な敗因は、日本の戦争計画の失敗である。日本は短期戦に賭けたが、予想ははずれ、その貧弱な経済をもって、はるかに優勢な一〇倍以上の経済力を持つ強大な国家、アメリカと長期にわたる対抗を余儀なくされたことにある」

3 戦争を防止する方法

戦争を抑止する力が、戦争を誘発する力よりも弱くなったときに、戦争は起こるので、戦争を防止するためには、戦争の誘発要因を弱め、抑止要因を強めることが必要だ。

1 戦争の誘発要因を弱める

戦争や紛争に発展するほど深刻な政治的、経済的、民族的、宗教的な問題や対立が生じないように、予防する必要がある。例えば、第一次大戦後に締結されたベルサイユ条約は、敗戦国のドイツに莫大な賠償金を課して、経済的な窮地に追い込み、第二次大戦の原因の一つを作った。現在、韓国が北朝鮮に対して制裁的ではなく、援助的な太陽政策を採っているのは、そのような考え方に基づいている。

もしも、戦争を誘発するような問題が生じても、戦争以外の解決方法を考えねばならない。アメリカでは、ニュー・ディールと呼ばれる政策によって、大規模な公共事業などで失業者を減らし、一九二九年に始まった大恐慌からの脱出に成功した。日本でも満州事変（一九三一年）の誘因の一つだった恐慌の打開策は、中国の侵略しかなかったわけではない。事実、諸々の政策によって一九三三年ころには生産水準は、恐慌以前の水準に回復している。

2　戦争の抑止要因を強める

民主主義と自由主義を確立・普及する

民主主義とは、基本的人権を尊重し、自由と平等を守り、多数決と法律に基づいて政治を行うことである。二つの民主国家の間で、戦争は過去にほとんど起きていないことが検証されている。戦争で最大の犠牲者になる民衆が、自ら戦争を起こすことはないからだ。また、民主主義のルールは、暴力ではなく、話し合いで問題を解決することだからだ。第二次世界大戦は独裁政治の下にあった日本・ドイツ・イタリアによって始められた。もしも、これらの三国で民主主義と自由主義が行われていたら、大戦は起きなかっただろう。

第二次大戦後、アメリカとソ連の間で冷戦が続いた。しかし、ソ連が経済の行きづまりを打開するために、共産党の独裁政治と決別し、民主主義と自由主義に路線変更して、やっと冷戦が終結した。イラク戦争は間違っていたことを、大半のアメリカ人も認めるようになった。他方、手段は間違っていたが、イラクを独裁国家から民主国家に変えて、そこから中近東全体に民主主義と自由主義を波及させようとしたアメリカの計画には価値がある。もしもこの計画が実現すれば、中近東の平和の礎が、大きな犠牲の上に築かれることになる。

アメリカの政治は、政府とマスメディアとＮＰＯ（非営利組織）・ＮＧＯ（非政府組織）によって動かされていると言われている。日本のＮＰＯ・ＮＧＯはそこまで育っていないが、マスメディアが国民の意思形成に与える影響は絶大だ。新聞社・放送局・出版社のようなマスメディアは、戦争の抑止要因だけでなく、誘発要因になることもある。一五年戦争のときの日本のマスメディアやイラク戦争のときのアメリカのマスメディアの対応は、その実例だ。マスメディアの誤った情報に操作される危険から逃れるためには、私たちは多方面から情報を集める必要がある。

言論の自由がない国が、現在でもたくさんある。自由がある限り、マスメディアは、自国・他国を問わず、政府や社会や世論を監視する責任を持つ。外部からの圧力や発行部数の維持・拡大などのために、その責任を放棄し、政府や世論や圧力団体に迎合することがあってはならない。

核兵器と迎撃ミサイルの戦争抑止力

第二次大戦後今日まで、朝鮮戦争・ヴエトナム戦争・イラク戦争、あるいは、カンボジア・コソボ・ルワンダにおける大量虐殺など、戦争や紛争が絶えなかった。しかし、大規模な世界戦争が起きなかったのは、原爆や水爆という核兵器の戦争抑止力に負うところが大きい。核戦争では、敵国を壊滅しても、同時に自国も壊滅すれば、戦争する意味がないからだ。

一方、核兵器の拡散という問題が新たに生まれた。核兵器の製造技術がもはや先進国だけの独占物ではなくなった今、核兵器を所有する国が増えつつあり、それが独裁国家やテロ集団によって使用される危険が生じている。

理想は、この世界から核兵器を廃絶することである。そのためには、敵の核ミサイルが上空に飛んで来る前に、それを探知して、一〇〇%の確率で撃ち落せる迎撃ミサイルは有効だ。このシステムが完成すれば、核ミサイルを使用しても無駄になるので、所有する意味がなくなるだろう。

国連を改革する

国際連合の最大の目的は、世界平和の維持であるが、今までベトナム戦争・ソ連のアフガニスタン侵攻・イラク戦争など多くの戦争や紛争を阻止できなかった。戦争防止という最大の使命を国連が果たせなかったのは、なぜだろうか？

最大の原因は、国連の安全保障理事会の決議の仕組みにある。安全保障理事会は五つの常任理事国と一〇の非常任理事国によって構成されているが、決議には、五つの常任理事国全てを含む九ヵ国の賛成が必要だ。もしも、五つの常任理事国（アメリカ・イギリス・フランス・ロシア・中国）のうち一ヵ国が拒否権を発動すれば、決議は成立しない。つまり、これら五ヵ国のうちの一ヵ国の国益が、世界平和よりも優先される仕組みになっている。

そのため、常任理事国の一つが国連を無視して単独行動を起こしても、制止できない。イラク戦争の場合、安全保障理事会の決議なしにアメリカは開戦したが、国連はそれを阻止できなかった。

このように、国連が平和維持という使命を果たせないため、抜本的改革が求められてきた。しかし、今まで改革できなかった現実を見ると、今後も多くを期待できない。

世界連邦を建設する

国際連合が戦争を防止できないのなら、残された道は世界連邦の建設しかない。世界連邦の下でも国家は存続するが、軍隊を持つことは禁じられ、世界連邦警察だけが兵器の所有を認められて、世界全域の平和維持に任じる。戦争だけでなく、貧困・飢餓・人権無視・環境破壊のように緊迫した問題も、国際連合では解決できないので、世界連邦の建設を急がなければならない。しかし、何も無い白紙の上に世界連邦を一挙に建設することは難しい。現存の組織を基にして世界連邦を建設するために、二つの道がある。

【1】国際連合を世界連邦に作り変える

現在の国際連合を強化・発展させて、世界連邦に作り変える。その運動を現在推進している世界連邦運動（WFM）は、各国の世界連邦運動団体の国際組織として一九四七年に結成され（本部はニューヨーク）、国連に対して提言を行っている。約二〇〇名の国会議員も加入している日本の世界連邦運動協会が策定した世界連邦建設への道程（ロードマップ　二〇〇七年版）は次のようなものである。

(1) 国連憲章に代わる世界憲法の最終案を日本政府は国連総会に提出し、世界連邦設立条約への加盟を各国に求める（二〇一三年）

(2) 条約の批准国による世界連邦設立連合を結成する（二〇一八年）

(3) 国連加盟国の三分の二以上（国連安全保障理事会の全常任理事国を含む）の批准を完了する（二〇二三年）

(4) 世界連邦の設立（二〇二五年）

世界連邦の建設という構想に対して、日本では二〇〇五年に衆議院本会議が「国連創設及びわが国の終戦・被爆六十周年に当たり、更なる国際平和の構築への貢献を誓約する決議」を採択し、その中で、次のように「世界連邦実現への道の探究」を挙げている。

「政府は、日本国憲法の掲げる恒久平和の理念のもと、唯一の被爆国として、世界のすべての人々と手を携え、核兵器等の廃絶、あらゆる戦争の回避、世界連邦実現への道の探究など、持続可能な人類共生の未来を切り開くための最大限の努力をすべきである」

「世界連邦実現への道の探究」という業務は、外務省総合外交政策局・政策企画室が担当することになった。この窓口を通して、日本の世界連邦運動協会は国連改革や東アジア共同体の樹立など、世界連邦の実現につながる政策を日本政府に提言している。

【2】地域連合の上部組織として世界連邦を設立する

第一段階として、EU（ヨーロッパ連合）をモデルにして、アメリカ・アジア・アフリカ・中近東でも経済的地域連合を作る。第二段階として、それらの地域連合の上部組織として世界連邦を建設する。

アメリカではキューバを除く南北アメリカの三四ヵ国が、二〇〇五年までにFTA（自由貿易協定）を成立させる合意を二〇〇一年に行っているが、一部の国の反対があって、まだ実現していない。アジアでは、日本・中国・韓国・ASEANを含む東アジア共同体の構想があり、日本の外務省・自民党・民主党はその実現に向けて意欲的である。アフリカでは二〇〇二年に五三ヵ国がAU（アフリカ連合）を誕生させたが、十分な成果をまだ達成していない。

ヨーロッパの政治的統合については、ドイツは欧州憲法制定や大統領制などに基づく欧州連邦を、イギリスは国家主権の維持を、フランスは国家主権と強固な国家連邦の共存を提案している。いずれにせよ、ヨーロッパ統合のステップは、他の地域連合だけでなく、世界連邦建設のモデルとしても注目されている。二度の世界大戦の反省から誕生したＥＵの成功は、夢物語に過ぎなかった世界連邦の建設を、現実的な課題に変えた。

第2章　人間と動物の間の平和を実現する

人間が動物に与えている苦痛は、肉食・動物実験・毛皮・ペットの遺棄・スポーツ狩猟など、さまざまだが、その中で最大規模のものは肉食である。この章では、人間と動物の間に平和を実現するために、人間の肉食の習慣によって動物が苦しんでいる実態を[1]で指摘し、肉食の原因と弊害を[2]で明らかにし、肉食を止める方法を[3]ですすめる。

[1]　動物の苦しみ

人間の食卓に供されるために、毎日、膨大な数の動物たちが命を奪われている。日本の場合、一日当りの平均屠畜数は、牛三五〇〇頭、豚四万五〇〇〇頭、鶏一六一万六〇〇〇羽である（農林水産省公表の二〇〇四年度の年間屠畜数から算出）。

世界全体の一日当りの平均屠畜数は、牛四〇万頭、豚三六〇万頭、鶏七七二〇万羽という想像を絶する数である（国連食糧農業機関公表の世界全体の二〇〇四年度肉生産量と、一頭から取れる肉の平均量から推定）。

人々が肉を食べる時に思うことは、この肉は美味しいかどうかということだ。その肉を提供した動物が、どれほど苦しみに満ちた一生を送ってきたかを、想像することは全くない。それについて、誰からも知らされてこなかったし、自ら知ろうともしなかったので、想像することができないのだ。子供の時から、親の作る食事や、学校の給食や、レストランの料理として、目の前に出された肉を、その肉がつくられたプロセスを何も知らないまま、まわりの人びとにすすめられて、あるいは、まわりの人びとを模倣して食べてきた。その習慣が今も続いているわけだ。

昔の牧歌的畜産の多くは、今や効率を再優先する工場畜産に取って代えられた。そこでは、動物は「低価格のエサを高価格の肉に変換する機械」として取り扱われる。その結果、全ての飼育プロセスは、動物の苦しみを無視して、最小の経費で最大の利益を得るように考案されている。したがって、畜産動物の一生は、牛も豚も鶏も基本的に似通ってくる。

1　牛の苦しみ

小牧久時（一九二六―　）は、肉食を止めることを訴える広告を『ニューヨークタイムズ』に数十年にわたって出し続けてきた。アメリカ人が肉食を止めれば、それに習って、日本や他の国の人々も肉食を止めるだろうという戦略である。彼は生物体内における微量元素の変換の発見によって、一九七五年度ノーベル生理医学賞の候補者になった科学者であるが、三十歳のとき、日本の菜食主義のバイブルといわれる『生命の尊重』という本を書いた。その中で、菜食主義の運動を始めるきっかけになった光景を次のように述べている。

「とにかくも、これらの勤労者には何の責任もない。これらの勤労者には、何の責任もないが、牛を食う人々の側には責任がある。牛は機械的に無造作に殺されてゆくが、牛を殺すのは、この善良な勤労者の意志ではなくして、牛を食う人々の側の意志なのである。その意志がこの形容に絶する酷薄なる行為を朝な朝なに、仏教の都、京都の場末の一角において奇跡なしに繰り返させているのである。

私はもう落ち着いていたが、牛の苦悩はありありと感得せられた。そのかっと見開いた大きな目は、この人間の暴挙を憤っているようにも見えたが、また、哀願しているようにも思えた。やがてその目がどんよりと曇りを帯びて光を失い始める頃、牛はうすれゆく意識で最後にぶるっと怒り震えた。そうしてもうぐったりとした。

こんな残酷な行為に対して、断乎として反対して起つ者はいないのであろうか。では、私が起とう。起って世界の津々浦々にまでこの心ある生命の兄弟の怒りを伝えよう。

またもや、牛は重病人のようにうめいた。

腹部が波打っている。目はかっと見開いている。動物だから苦しみが少ないのだと、誰が言うのだと言っているように」

2　豚の苦しみ

雌豚の妊娠期間は一一五日前後で、子豚が離乳して四日から七日後には、雌豚はまた妊娠させられるので、平均して一年間に二・二回出産させられる。受胎後は流産を防ぐため、体を回転できないほど狭いスペースに閉じ込められて、生涯の大部分を過ごす。子豚は、識別のために耳を、母親の乳首を噛まないように歯を、過密な畜舎内でストレスのたまった仲間に噛まれても重大な傷にならないように尾を、切断される。雄の子豚は、肉の臭いを少なくし、成育を促進するために、麻酔なしで去勢される。

そして、ほとんど屋外に出されることなく、生後六〜八ヵ月経つと、屠畜場に送られて、喜びのない悲惨な一生を終える。その死体の肉を、人間は美味しいと言いながら食べるのである。

[2]　肉食の原因と弊害

1　飢餓を生む

昔の食料不足

肉食の第一の原因は、食料の不足であった。人類の先祖に当たる類人猿は、アフリカの森林で樹上生活をしていた頃、主に木の実などを取って食べていた。ところが、気候の寒冷化で森林が減ったため、生活の場が草原に移り、類人猿は直立歩行する人類に進化した。そして、食料の不足を補うために、槍や弓などの道具を作って狩猟をして、動物の肉も食べるようになった（第Ⅳ部第2章[1]）。

このように人間は元来、肉食動物ではなく草食動物である。人間に最も近いチンパンジー・ゴリラ・オランウータンなどの類人猿も、草食動物である。人間も類人猿も、動物の皮や肉を食いちぎるための鋭い牙がなく、代わりに草や木の実をすりつぶす臼歯が発達している事実が、それを証明している。オオカミやライオンのように、道具を使わないで、自分の爪や歯だけで動物を捕まえて殺し、皮と肉を食いちぎることは、人間にはできない。

道具や火を使用して身を守るようになるまでは、人間は肉食動物に食べられる危険が常にあり、弱者だった。人間は鋭利な石器を持つことによって、肉食動物の鋭い爪と牙に代わるものを手に入れて、強者になり、動物を捕食するようになった。つまり、草食動物でありながら肉食動物になった。このように人間の肉食は、本質的には野生動物の弱肉強食と全く同じものだ。

農業を始めた後も、生産性が低いため、それだけでは十分な食糧を供給できず、牧畜も必要であった。このように人類は厳しい自然の中で生き延びるために、何でも食べざるを得なかった過去があり、その習慣が現代のように穀物が十分にある時代でも続いている。

飢餓――現代の食料不足

現代は、穀物は十分あるのに、飢餓が起きている。世界では一日に四万人が飢餓で死んでいるといわれている。そして、飢餓に苦しむ人々は、三〇ヵ国で五億人に達し、彼らを救うためには、二七〇〇万トンの穀物を供給すればよいという。一方、世界の年間穀物生産量の一七億トンのうち、半分近い八億トン以上の穀物が、家畜の飼料に使われている（中村三郎『肉食が地球を滅ぼす』）。そうだとすると、人々が肉の消費をわずか三％減らして、家畜用穀物の三％を、ＯＤＡ（政府開発援助）のような国際機構を通じて、飢餓に苦しむ人々にまわせば、かれらを全て救うことができる。

地球上で耕作や牧畜に利用できる土地の面積には限界があるので、世界の人口が今までと同じ傾向で増加すれば、二一世紀は飢餓の世紀になるだろう。そのとき、人類は飢餓を解決するために、効率の悪い肉食を止めざるを得ないだろう。なぜなら、一キログラムの動物性タンパク質を肉として生産するために、飼料として家畜に与えなければならない植物性タンパク質は、牛は一七キログラム、豚は七キログラム、鶏は三キログラムだからだ（ピーター・コックス『ぼくが肉を食べないわけ』）。

2　動物の生きる権利を奪う

肉食の第二の原因は、人間の動物観であった。欧米の動物観の中で人々に最も強い影響を与えたのは、アリストテレスの動物観とキリスト教の創造論とデカルトの動物機械論である。

アリストテレスの動物観

アリストテレス（前三八四―前三二二）によると、理性的能力が乏しいものは、理性的能力がより優れたもののために存する。したがって、思考能力が自由人より劣る奴隷を「生きた道具」とみなして、奴隷制度を支持した。そして、奴隷制度は正義にかなっており、好都合なものであると考え、「奴隷は人間でありながら、他人に属するところの者（財産の一項目）なのである」と述べている。同じ理由で、動物も人間の利益のために存在すると考え、次のように述べている。

「植物は食料として彼ら（動物）のために存し、他の動物は人間のために存し、そのうち家畜は使用や食料のために、野獣はそのすべてでなくとも、大部分が食料のために、またその他の補給のために、すなわち衣服やその他の道具がそれらから得られるために存するのである」（シンガー『動物の解放』）。

アリストテレスは「人間は理性的動物である」と述べ、人間と動物の最大の違いは、理性が有るか無いかであると考えた。しかし、チンパンジーやゴリラのような類人猿だけでなく、豚や馬などの家畜も、程度は違うが、理性や知性と言えるものを備えていることが、現代の科学で明らかにされている。

キリスト教の創造説

「そこで神は人をご自分の像の通りに創造された。神の像の通りに彼を創造し、男と女に彼らを創造された。そこで神は彼らを祝福し、神は彼らに言われた。『ふえかつ増して、地に満ちよ。また地を従えよ。海の魚と、天の鳥と、地に動くすべての生物を支配せよ』」（旧約聖書　創世記第一章）

「神はノアとその子らを祝福し、彼等に言われた。『ふえかつ増して、地に満ちよ。すべての地の獣、すべての天の鳥、みな君たちを恐れ、君たちの前におののくだろう。それらを、すべての地に動くもの、すべての海の魚とともに君たちの手に与えよう。生きて動いているものはみな君たちの食糧にしてよろしい』」（旧約聖書　創世記第九章）

このように、人間は他の生物とは違って、神の姿に似せて創造された特別な存在で、他の生物を支配する使命を与えられていること、そして、人間は全ての動物を食べてよいことが、神の言葉として聖書に記されている。

しかし、この創造説は、ダーウィン（一八〇九―一八八二）の進化論によって否定された。現在、地球上に存在している全ての生物は、四〇億年前に海の中で最初に誕生した単細胞生物が進化し続けた結果として、生まれたものである。約五〇〇万年前に類人猿と人類の共通の祖先から、人類が枝分かれして発達を始め、現在の人間が登場した（第Ⅳ部第２章[1]）。

デカルトの動物機械論

近代哲学と解析幾何学の父と言われるデカルト（一五九六―一六五〇）によると、人間の体と動物の体は精密な機械である点は似ている。しかし、人間は永遠不滅の魂を持っているのに対して、動物は魂を持っていない。そして、意識や感覚の主体は魂なので、動物は意識も感覚も持たない単なる精密機械に過ぎない。だから、動物は苦痛を感じない。このような動物機械論を説いたデカルトは、肉食や動物実験を正当化し、「私の意見は、人間が動物を食べたり殺したりするときに、罪を犯しているのではないかという疑いを取り除いてくれる」と述べた（シンガー『動物の解放』）。

しかし、現代科学によると、人間の意識や感覚はすべて脳の働きによるもので、死んで脳が働かなくなれば、意識も感覚も消滅する。色・音・味・痛みなど、さまざまな感覚は、感覚器官に与えられた刺激が神経によって脳に伝達されて生じる。動物は、進化の度合いに応じて発達した感覚器官や神経組織や脳を持っているので、苦痛を感じることができる。

以上のように、科学的知識に照らし合わせると、アリストテレスの動物観もキリスト教の創造論もデカルトの動物機械論も、すべて間違いであることが、現代では証明されている。

人間の生き方は、他の動物とくらべて、いかなる点で優れているのか？

ここでは特に人間と他の哺乳動物を比べてみよう。両者は体の構造や機能だけでなく、生き方でも、相違点よりも共通点の方が多い。どちらも、両親の交わりによって受精した卵子が、子宮で育って、この世界に誕生し、母親の乳を飲んで成長する。そして、食べるために動きまわり、異性と交わって子供を産んで育て、喜び、苦しみ、最後に死んでいく。この一生の基本的なプロセスは、人間も他の哺乳動物も大差ない。客観的に見ると、これが、人間を含む全ての哺乳動物がたどる共通の運命だ。

ただ、人間は他の動物よりも理知的能力が高いので、言葉や道具や火を使い、分業と協業を進め、一生の基本的プロセスをより便利なものにした。また、自己や種を保存するための活動以外の時間を、動物たちは休息して過ごすが、人間は休息の他にいろいろな気晴らしや楽しみを求めて過ごす。だが、この点でも絶対的な優劣をつけがたい。最も大きな違いは、人間が文明を築き、科学技術を発達させたり、環境を変えたり、高度な精神生活をしたりすることであろう。

動物はこのような営みをしないから、自由や生存の権利を持たないという主張がなされたとしたら、このような営みに直接関与していない人びとは、自由や生存の権利を持てないことになる。そして動物と同じように扱われても、止むを得ないことになる。もしも、それに同意しないのであれば、動物も自由や生存の権利を持つことを認めざるを得ないだろう。

すべての動物は平等である

「すべての人間は平等である」という考えの根拠は、「(人間を含め)すべての動物は平等である」という考えの根拠にもなりえると、哲学者のシンガー(一九四六—)は『動物の解放』の中で説いた。そして、「すべての動物は平等である」という考えを動物解放の基本原理とした。

「すべての人間は平等である」と考える根拠としては、次のことが一般に承認されている。人間の外観や能力には違いがあり、その点では人間は平等ではない。そうではなく、人間は誰でも、自由で、生存と幸福を追求する権利を持っているという点で平等なのである。この基本的権利は、ある人間から他の人間に与えられるものではなく、生まれながらに天から平等に与えられたものだ。

この平等性の基礎を、哲学者のベンサム(一七四八—一八三二)は「各人は一人の人間としての価値を持っており、なんぴとも一人分以上の価値を持っているわけではない」と表現した。この真理が社会で認められず、奴隷や黒人や女性や特定の階級やグループが、基本的権利を奪われ、差別され、支配された時代があった。

以上の文章で人間という言葉を、動物という言葉に置き換えてみよう。矛盾は何も生じない。これは、「すべての動物は平等である」という考えが正しいことを示している。

動物解放運動

現在、動物解放運動の最前線は、チンパンジー・ゴリラ・オランウータンなど大型類人猿の法的権利を制定する運動である。すでに大型類人猿を使う動物実験を禁止する画期的な法律が、一九九九年にニュージーランドで、二〇〇三年にスウェーデンで制定されている。

この運動の究極的目標は、これを突破口にして、実験や畜産などに利用されている動物にも法的権利を与えることだ。いきなり一般の動物の法的権利を人々に認めさせることは難しいので、そこに至る第一段階として、理論的に反論の余地が少ない大型類人猿の法的権利の成立を目指す戦略である。この理論は、大型類人猿の基本的権利を認めさせるために、大型類人猿と人間に見られる多くの本質的な類似点・共通点を、科学的に示す手法をとっている。

3 健康を損なう

肉食の第三の原因は、健康のためには肉が必要であると説く従来の栄養学にある。だから、肉が嫌いな子供も半強制的に肉を食べさせられて大人になる。この従来の栄養学の圧倒的影響により、一般の料理の本は肉料理が主体になっているし、レストランのメニューから肉を使っていない料理を探し出すのは容易ではない。

現在は、魚や大豆や卵や乳製品を食べていれば、肉を食べる必要は全くないことが分かっている。また、多量の肉の摂取は、主に次の三つの理由により健康を損なうことが明らかになっている（第Ⅰ部第3章[3]）。

(1) 牛肉や豚肉に多量に含まれる飽和脂肪酸は、体内で固まりやすく、多量に摂ると、血液の粘度を高めて血流を悪くするため、酸素や栄養素が細胞に届きにくくなる。

(2) 飽和脂肪酸はコレステロールや中性脂肪を増やす働きがあるので、多量に摂ると、動脈硬化・心疾患・脳血管疾患などを引き起こす。

(3) 多量の肉の摂取は、ガンと密接な関係がある。

4 環境を破壊する

開発途上国の貧しい人々は、国際大資本の下で、森林を伐採して、牧場や農地を新しく作る。そして、収入を増やすために、牧草地が養える限度を超えて、たくさんの家畜を飼う（過放牧）ので、草は再生不能になるまで食べ尽くされ、土地は日光にさらされて乾燥し砂漠化する。すると、人々は砂漠化した土地を捨てて、さらに奥地に森林を切り開き、再び新しい牧場を作るので、悪循環が繰り返され、砂漠化がどんどん進行していく。

砂漠化の原因としては、過放牧の他に、森林減少、農業活動、乱開発がある。これらの原因によって、一九四五年から一九九〇年の四五年間で、世界で十二億ヘクタール（中国とインドを合わせた面積にほぼ等しい）の農用地が砂漠化した。すべての原因の中で、過放牧が占める比重は三五％で、第一位を占める。これに、牧草地の新設による森林減少と、家畜飼料のための農業活動（過耕作）を加えると、牧畜関係の比重はさらに高まる（矢口芳生『地球は世界を養えるか』）。
森林が砂漠化する結果として、次のような環境破壊が生じる。

(1) 温室効果ガスの二酸化炭素を吸収して、酸素を出す働きがある森林が減るので、地球の温暖化が加速する。
(2) 雨を地中にためておく森林の力が弱まるので、大雨が降ると洪水が起きやすくなる。
(3) 現地人の燃料・食料と、世界の木材の供給源が減少する。
(4) 森林で生活する野生動物が住みかを奪われて、生物種が減少する。

地球温暖化については、牛や羊のゲップや排泄物も大きな作用を及ぼしている。牛や羊のような反芻動物は四つの胃を持ち、第一胃で草を発酵・分解する際にメタンができ、それがゲップとして空中に放出される。世界中の牛や羊のゲップや排泄物から出るメタンは、大気中のメタンガス全体の二五％に達する。しかも、メタンには二酸化炭素の二十一倍の温室効果がある。

5　肉の美味

肉食の第四の原因は、肉を美味しいと感じる人が大勢いることである。日本で肉食禁止令が出されていた時代でも、その美味を求めて密かに肉食をした例はあった。世界中で人気のあるマクドナルド・ハンバーガーやケンタッキー・フライド・チキンの成功の秘訣は、値段の安さだけでなく、肉の旨味を上手に引き出したことにもある。スーパーに並んでいるさまざまなインスタント食品や調味料の袋の裏の成分表を見ると、肉や肉のエキスが入っているものが多いのは、多くの人が肉を美味しいと感じているからだ。

今まで普通に肉を食べていた人が肉食を止めると、しばらくの間、肉の味を懐かしむことがある。このような人のために、主に大豆から作った肉の模造品が、三育フーズや満菜などのメーカーから販売されている。味・形・色・歯ごたえ等が本物に似ているので、言われなければ本物だと間違えるものもある。しかし、肉の無い新しい食生活に慣れてしまうと、肉の味を懐かしむことはなくなる。

[3] 肉食を止める方法

1　シーフードベジタリアンのすすめ

肉食という習慣は、動物を苦しめて動物の生きる権利を奪い、飢餓を生み、健康を損ない、環境を破壊することを、前節までに見てきた。これらの肉食の弊害を無くすために、人類は肉食の習慣から脱却して、ベジタリアンになることを求められている。

しかし、ほとんどの日本人は、ベジタリアンは普通とは違う特殊な人間だと考えている。ベジタリアンは、菜食主義者と翻訳されているため、野菜・穀物・果物などの植物性食品だけを食べる人だと思っているからだ。それは大きな誤解である。語源は「野菜」ではなく、「健全・活発」を意味するラテン語だ。ベジタリアンの一般的な定義は、「(哺乳類の)肉を食べない人」である。この基本条件を守った上で、さらにどのような条件を加えるかによって、いろいろなタイプのベジタリアンが存在する。

肉だけでなく、鳥・魚・卵・乳製品など動物性食品は一切食べない厳格なタイプは、ビーガンと呼ばれるが、これは非常に少ない(アメリカでは〇・九%)。欧米で最も多いのは、肉・鳥・魚は食べないが、卵・乳製品は食べるタイプである。肉・鳥は食べないが、魚・卵・乳製品は食べるシーフードベジタリアンというタイプもある。これは肉以外は何でも食べるタイプである。和食に魚は付きものなので、シーフードベジタリアンなら、日本人は誰でも容易に実行できる。理想はビーガンだが、日本では長く続けにくい面がある。まず、自分にできることを実行することが重要だ。

人々がベジタリアンになることを躊躇する大きな理由は、肉を食べなくても、良質のたんぱく質を十分に摂れて、健康を維持できるだろうかという疑問である。しかし、それは無用な心配だ。肉の代わりに魚や大豆製品を食べれば、たんぱく質や必須アミノ酸の含有量など、肉に勝るとも劣らない栄養を摂取できる。これは、すでに栄養学で証明されていて、この章の最後に示した「食品可食部一〇〇g当たりのたんぱく質と必須アミノ酸組成」の表で比較してみれば明白だ。そして、肉だけに含まれていて、他の食品には含まれていない栄養成分というものは、まだ確認されていない。シーフードベジタリアンの食事は、米国の「ガン予防十五ヵ条」ですすめられている食事に極めて近い（第Ⅰ部第3章③）。

2　政治が食習慣を形成した

現在、ベジタリアン人口は、インド六〇%、イギリス九%、台湾六〜九%、ドイツ八%、スウェーデン六%、イタリア四%、オランダ四%、アメリカ二・五%という調査結果がある。肉食を是認するキリスト教の下で、昔から肉食を続けてきた欧米に大勢のベジタリアンがいる。他方、あらゆる生きものに対する慈悲を説く仏教の下で、六七五年に天武天皇が肉食禁止令を出してから、一八六八年の明治維新まで、一二〇〇年にわたり肉食忌避が行われてきた日本は、現在、シーフードベジタリアンでさえ、ゼロに近い。この不思議な現象は、なぜ起きたのだろうか？

その最大の原因は、政治のあり方が日本人の食習慣を形成してきたことだ。歴史を振り返ると、日本人は食習慣の大変革を三回経験している。聖徳太子（五七四―六二二）の時代から江戸時代の終わりまで、日本の為政者は国民を統治するために、仏教と儒教を利用した。肉食禁止令は仏教の不殺生の戒律にしたがったものだ。

元禄時代に徳川綱吉（一六四六―一七〇九）が出した「生類憐れみの令」もその一環である。人を殺して出世する風習や、主人の後を追う殉死など、命を軽視する戦国時代の価値観が、当時はまだ残っていた。そのような価値観を最終的に否定し、頻繁に行われていた犬食いを無くし、社会に平和と秩序を確立するために、「生類憐れみの令」は大きな役割を果たした。しかし、この法令の行き過ぎた点が、後世、綱吉の評判を落とし、また、動物保護にも不利な影響を与えたとされている。だが、実際は、仏教の慈悲の教えを、単に頭の中だけではなく、現実の世界で完全に実行しようとした綱吉の理想主義的な生き方に、多くの人々がついていけなかったのではないだろうか。

明治維新の為政者は、旧時代の象徴である仏教を無視して、代わりに神道を厚く保護し、天皇を現人神として、その神権的権威の下で国民を統治する方式を採用した。その結果、肉食禁止令は解除された。さらに、富国強兵という国策の下で、軍人の体格向上を目指し、政府は国民に肉食を奨励した。しかし、国民は貧しくて、高価な肉を買えなかったこともあり、太平洋戦争が終わるまで、肉の摂取量は微々たるものだった。

一九四五年に戦争に負けた日本は、一九五二年までアメリカの占領国家になった。独立後も現在に至るまで、政治の従属が続き、それが文化の従属も招いた。戦勝国アメリカの文化が日本人の生活の隅々まで浸透した。食生活は伝統的な和食が減り、洋食の比重が高まった。一人当たりの肉の摂取量も、一九六〇年から二〇〇〇年までの四〇年間で、五・五倍に増加している。

以上の歴史が示すように、一四〇〇年前まではベジタリアンがほぼ一〇〇%だったことや、それが今やゼロに近くなったことは、政治の結果である。それが分かれば、これは不可解な現象ではなくなる。

3　個人の自覚と責任

日本人には、まわりの人々に合わせて行動するという国民性がある。それは、皆と同じにしていれば、安全で失敗が少ないと思うからだ。あるいは、皆と違っていると、まわりからどう見られるかを気にし過ぎるためだ。だが、まわりが間違っている場合は、自分も間違いをおかすという危険が、この生き方にはあることを忘れてはならないだろう。

今は、過去の政治の影響から抜け出て、いろいろな情報を集め、自分の頭で考えて、食生活を自由に選択する条件がそろっている。まず、肉食という習慣は、動物を苦しめ、動物の生きる権利を奪うだけでなく、飢餓を生み、健康を損ない、環境を破壊している現実を直視することから始める。そして、自分自身の動物観と食習慣が正しいかどうか、正しいとしたら、その理由を改めて問い直すことをすすめたい。

食品可食部１００ｇ当たりのたんぱく質と必須アミノ酸組成

	たんぱく質（g）	アミノ酸（mg）								アミノ酸スコア
		イソロイシン	ロイシン	リジン	メチオニン	フェニルアラニン	スレオニン	トリプトファン	バリン	
牛ひき肉	17.9	790	1400	1400	440	680	700	190	850	96
豚ひき肉	18.2	770	1300	1400	440	650	700	200	870	96
鶏ひき肉	17.6	830	1400	1500	480	680	730	200	880	100
さけ生	20.7	930	1600	1800	640	810	960	230	1100	100
さば生	19.8	900	1500	1800	660	800	920	220	1100	99
まぐろ赤身	28.3	1300	2100	2500	810	1000	1200	320	1400	100
あじ生	18.7	870	1500	1700	580	780	870	210	970	100
いか生	15.6	580	1000	1000	370	490	580	120	550	71
くるまえび	20.5	730	1300	1500	500	730	680	180	770	77
大豆全粒乾	35.3	1800	2900	2400	560	2000	1400	490	1800	100
納豆	16.5	760	1300	1100	260	870	620	240	830	100
豆腐木綿	6.8	370	600	460	100	390	280	100	380	100
油揚げ	18.6	1000	1700	1200	270	1100	770	290	1000	100
落花生乾	25.4	1000	1900	1000	310	1500	750	270	1200	58
鶏卵全生	12.3	680	1100	890	400	640	570	190	830	100
チーズ	22.7	1200	2300	1900	580	1200	830	290	1600	100
ヨーグルト	3.2	170	310	260	79	150	130	43	210	100
玄米粒	7.4	300	610	290	180	380	270	100	460	64
精白米粒	6.8	290	570	250	170	370	240	99	430	61
食パン	8.4	340	660	220	150	460	270	96	400	42
そば生	9.8	370	700	350	180	500	320	120	450	61
うどん生	6.8	260	510	170	120	370	200	75	300	39

『食品成分表２００６』五訂増補（女子栄養大学出版部）

第3章　動物と動物の間の平和を実現する

私たちが旅行やハイキングをした時に、視界に入ってくる自然は、のどかで美しく平和な世界だ。だから、自然は素晴らしいと賛嘆してしまう。しかし、それは植物の世界だけであって、動物の世界は平和とは縁遠く、毎日が食うか食われるかの残酷な世界だ。私たちの目が届かない、その実態を知ったら、自然観の根本的な修正を迫られるだろう。

この世界を野生動物の受難の場から平和の場に変えるには、どうしたらよいかを考えることが第3章の目的である。自然の残酷さの実態を[1]で、その原因を[2]で、捕食を止める方法を[3]で提案する。

[1]　残酷な自然

過去、人間の食用に殺害された動物の数は膨大なものだが、肉食動物によって殺害された動物の数は、それをはるかに上回る。なぜなら、人類の祖先が地球上に登場したのは約五〇〇万年前だが、原始的な魚類は約四億八千万年前に、恐竜や哺乳類は約二億三千万年前に出現したからである。その時から今日に至るまで、一時も絶えることなく、動物にとってこの世界は血塗られた弱肉強食の場であった。

1　ある光景

野生の肉食動物が他の動物を捕食する場面のドキュメンタリーは、普通はかなり遠い距離を置いて、細部はよく分からないように編集されている。しかし、私が一〇年ほど前に偶然見たテレビの映像は、事実を隠さずに伝えていた。

一つの場面では、夜、五、六頭のハイエナが、一頭の鹿に似た動物を取り囲んで、その腹部を食いちぎっていた。動物は、もはや逃げたり抵抗したりする気力をなくして、そこに立ちすくんだまま、ハイエナの執拗な攻撃をなすがままに受けていた。たちまち、腹部の皮が引き裂かれて、血だらけになった肉が腹部一杯に露出した。動物の四本の脚はよろよろとしたが、崩れないで地面に立ち、傷だらけの体を支えていた。ハイエナはその露出した血だらけの肉に噛み付いて、肉片を噛み切って食べ始めた。それでもまだ、動物は倒れないで懸命に立っていた。この生きながら食べられている哀れな動物を助けようとする者は、ついに現れなかった。

もう一つの場面では、雄ライオンの攻撃によって、鹿に似た動物が既に立っていられなくなって、座り込んでいた。その傍らにライオンも座って、血だらけになった腹部を悠然と食べていた。動物は、まだ頭をすっと上に立てたままの状態で、大きな美しい目を開けて前方を見ていた。何事も起きていないかのような平常の状態の上半身だけを見ていたら、この動物は草原で一休みしていると思うだろう。しかし、食いちぎられて血だらけになった腹部を見ると、この動物の静けさは、恐怖と諦めから生じたものであることが分かる。

この二つの出来事は何も特別なことではなく、地球上いたるところで、毎日繰り返されている一こまである。けれども、私は、自然の残酷な正体を初めて知ったような衝撃を受けた。このようなことが絶対に存在してはいけないことを、心と体の全体で直観した。たとえ人々がこれを自然の摂理として是認したとしても、自分は断固として否認しなくてはいけないと思った。そして、生きながら食べられている動物を救うために、ハイエナやライオンを追い払いたいと思った。

しかし、数日後に次の事に気がついた。「ハイエナやライオンを追い払う資格は、自分にはない。なぜなら、自分も牛や豚や鶏の肉を食べているから、彼らと同類で、違いはないのだ」。このことに気づいて、私は肉食を止めた。偶然にこの映像を見ていなかったら、一生肉を食べ続け、私の哲学は動物問題を欠いた皮相なもので終わったかもしれない。

2 食物連鎖

動物の弱肉強食の実態には、食物連鎖という関係が見られる。食物連鎖の出発点は、太陽光線を使い、二酸化炭素と水から光合成によって自分の体を作り、酸素を出す植物（生産者）だ。植物を食べて生きるのが草食動物（一次消費者）で、この草食動物を食べる肉食動物（二次消費者）と、さらに、その肉食動物を食べる大型肉食動物（三次消費者）がいる。このように「食う、食われる」の関係によって、生き物が連鎖的につながっていることを食物連鎖と呼んでいる。次はその実例である。

◇植物をコオロギやバッタなどの虫が食べる↓虫をカエルが食べる↓カエルをヘビが食べる↓ヘビを鷹が食べる。

◇植物をバッタが食べる↓バッタをカマキリが食べる↓カマキリを小鳥が食べる↓小鳥を鷹が食べる。

◇植物をリスやネズミが食べる↓リスやネズミをコヨーテやアナグマが食べる↓コヨーテやアナグマをオオカミが食べる。

◇草をバイソンが食べる↓バイソンをオオカミが食べる。

◇海中の植物プランクトンを動物プランクトンが食べる↓動物プランクトンをイワシが食べる↓イワシをイカが食べる↓イカをアシカが食べる↓アシカをシャチが食べる。

2 捕食の原因

この地球上には、なぜ肉食動物が存在しているのだろうか？　それは、進化論によって説明できる。肉食動物と草食動物の体の構造は、進化の過程で突然変異と自然淘汰の繰り返しにより、少しずつ形成され、その体の構造に適合した食習慣ができあがっていった。そして、食習慣に適合した体の構造を持った動物が、生き残ってきた。

約五億四千万年前に海中で多細胞生物が爆発的増加を始めたカンブリア紀の頃から、既に、他の動物を捕食する動物が存在していた。そして、約三億六千万年前に、海から川を経由して陸上に登場した脊椎動物が、進化を重ねて、肉食する小型の爬虫類や哺乳類が生まれ、草食動物を捕食して、子孫を増やしてゆく。小型の肉食動物がさらに進化して、刃物のような歯や爪を持つ大型の肉食動物が現れて、小型の肉食動物や大型の草食動物を襲う。他方、草食動物は鋭い歯や爪を持っていないので、肉食動物に襲われても自分を守ることができず、彼らの餌食になってしまう。

弱肉強食という行為は残酷であるが、肉食動物の体は植物の消化に適していないため、他の動物を捕まえて食べないと、生き延びることができない。そのような肉食動物が出現した原因は、進化という自然法則にあった。自然法則には、善と悪を識別する働きが無い。

3 捕食を止める方法

人間の肉食については、少数ながら動物保護団体やベジタリアンが否認している。ところが、野生動物の捕食に関しては、自然の摂理と見なして、動物保護団体もベジタリアンも容認している。

動物の解放を主張するシンガーも「人間は動物を殺さなくても、生きていくことができる。だが、肉食動物は、生きていくためには、他の動物を殺す以外に道はないのだ」と述べて、野生動物の弱肉強食を許容する。そして、「いったんわれわれが他の種に対する支配権を放棄したら、彼らへの干渉は一切止めるべきだ。われわれはできる限り彼らをそのままにしておくべきである」と言う。また、肉食動物を地上から除去すれば、草食動物が過剰に繁殖して、生態系が崩れることを心配する。このシンガーの放任説は、大多数の人々の考えを代表しているのではないだろうか。

しかし、クジ引き理論を適用すると（第I部第7章3）、放任説は正しいとは言えない。野生動物の弱肉強食の世界は、人間には全く関係ないと考えるのは、間違っている。人間は道具や火を作るようになるまで、肉食動物に捕食される危険に常にさらされていた。動物に襲われた人間は、誰かに助けを求めただろうし、実際に近くの仲間が助けようとしただろう。私たちも、その時代に生まれるクジを運悪く引いていたら、捕食されていたかもしれない。今でも私たちは偶然次第で、人間ではなく、捕食される動物に生まれるクジを引いていたかもしれない。

家畜だけに同情し、捕食される動物に同情しないのは、不公平でもある。1の「1 ある光景」のような現場に実際に居合わせたら、食べられている動物を助けたいと誰でも思うだろう。このように、野生動物も放置しないで助けることが、私の介入説である。

1 肉食動物が好む植物を開発する

人間が肉食を止める方法は、ベジタリアンになることだが、野生の肉食動物が捕食を止める方法はあるのだろうか？ もしも、肉食動物でも十分に消化でき、好んで食べたがり、肉と同程度の栄養が摂れる植物が開発されたら、肉食動物は、それを食べるだろう。動物を追いかけて捕まえることは失敗も多いので、必ず食べられる植物があれば、動物よりも植物に依存するようになるかもしれない。そのような植物を開発すれば、ベジタリアンが買って、ペットの犬や猫にも与えるから、ビジネスとしても採算が取れるだろう。この夢を実現して、残酷な自然を変えようという野心を持つ科学者や企業家の出現を、動物たちは救世主として待ち望んでいる。

2　肉食動物を存在させない

鹿を捕食する肉食動物を駆逐した実例がある。アメリカのアリゾナ州カイバブ高原には、二〇世紀初頭、ミュールジカが約四千頭いた。政府は一九〇六年にここを保護指定区にし、鹿をもっと増やすために、羊や牛は他の地に移し、オオカミ・ピューマ・コヨーテ・ボブキャットなどの捕食者を捕獲して、駆逐した。その結果、ミュールジカは予想通り殖えはじめ、一九二〇年には六万頭、一九二四年には一〇万頭と増えた。ところが、増えすぎた鹿が草や木を食べ尽くし、食料が不足して、餓死が始まり、一九二九年には三万頭、一九三九年には一万頭にまで減ってしまった。

この話は、食物連鎖に対する人間の干渉が望ましくない結果を招いた例として、よく紹介される。そのため、「草食動物が過剰に増殖すると、植物を食いつぶして、草食動物自身が生きてゆけなくなる。しかし、捕食者である肉食動物は、これらの草食動物を適当に捕食して減らすことにより、その生態系を調整し安定化させるので、必要な存在である」と考える人もいる。

確かに、ある地域の植物が養える草食動物の数には限度があるので、放置すれば、短期的にはバランスが崩れるかもしれない。しかし、餓死によって動物が減れば、その土地が砂漠にならない限り、再び植物が増える。したがって長期にわたって見れば、動物と植物の増減が繰り返されて、両者のバランスはとれるのではないだろうか。

もしも、大量の餓死を避け、植物も一定に維持したい場合、草食動物の増加を抑制するために、どのような方法があるだろうか？　オーストラリアは、カンガルーの繁殖による被害に悩んでいる。だが、カンガルーを減らすための射殺は、動物保護団体から強く反対されている。また、雄の去勢手術や、雌への不妊用ホルモン注射をしようとすると、捕獲しなければならず、これは大変な作業だ。そこで、雌のカンガルーに与える経口避妊薬の開発を計画している。カンガルーを引きつける強力なえさを作って、そのえさに避妊薬を混ぜて、カンガルーが住む場所に置いて食べさせる。この方法が成功したら、他の国でも採用されて、動物と植物がバランスよく共存できるだろう。

第Ⅳ部　世界（宇宙・自然・人間）とはどのようなものか

第1章　真理とはどのようなものか

「いかに生きるべきか？」、「世界（宇宙・自然・人間）とはどのようなものであるか？」という問題を考える際、私たちは真実の知識と判断を求めている。虚偽の知識や判断が考える過程に入り込んで、誤った結論に導かれないよう、極力注意しなければならない。そのためには、真理についての諸問題に、納得がいく答を出しておかねばならない。

その答として何を採用するかによって、ある事柄に対する結論は相当異なったものになるからである。例えば、世界にさまざまな種類の生物が存在している原因について、神の創造説と進化説がある。この違いは、真理の条件が、キリスト教では神の言葉にあり、科学では実証性にあることから生じる。このように、真理の条件を何にするかによって、一方で真理として認められることも、他方では虚偽と見なされることがしばしば起こる。

真理性を問われる判断には、一般に、存在に関するものと、価値に関するものとがある。例えば、「机の上にリンゴがある」というのは存在判断であり、「このリンゴは美味しい」というのは価値判断である。両者には密接な関係があるが、その定義や真理の条件は異なるので、別々に扱う必要がある。

1 存在判断について

1 存在判断の真理の定義と、真偽の確認方法

存在判断の真理の定義

真理という言葉の定義として何が適切だろうか？　一般的な定義では、判断が実在と一致している場合、その判断は真理と言う。この定義は、アリストテレスが次のように表現して以来、一般に受け容れられてきた。「存在するものを存在しないと言い、あるいは、存在しないものを存在すると言うは偽であり、存在するものを存在すると言い、あるいは、存在しないものを存在しないと言うのは真である」。『広辞苑』もこれと同じ定義を採用し、「真理とは実在の肯定であり、実在しないものの否定である。それは一般に判断と実在との一致にほかならない」としている。私たちが求めているのは、実在するものについての知識であり、実在しないものについての知識ではない。したがって、この定義は私たちの目的に適っている。

存在判断の真偽の確認方法

ある存在判断が真理であるかどうかを、どうすれば確認できるだろうか？　ある判断が本当に実在と一致していることを、どうすれば保証できるのだろうか？　これに関しては、科学において一般に採用されている以下の確認方法を、本書でも採用する。その理由は、この方法が基本的には自然科学だけでなく、人文科学や社会科学や日常生活の分野でも有効であることが経験的に確かめられていて、これよりも信頼できる確認方法は、今のところはないことだ。

通常は、ある判断が、次のⒶ、Ⓑ、Ⓒの三条件のうち、Ⓐの条件を備えていれば、その判断は真理である。

Ⓐ　その判断の実在を裏付ける証拠がある。実験でその判断を証明できる。
Ⓑ　関係がある全ての現象・事実を、その判断に基づいて論理的に説明できる。
Ⓒ　その判断が他の真理・現象・事実と矛盾しない。

例えば、「庭に宝物が埋められている」という判断は、実際に庭の土を掘りかえして、証拠として宝物を見つけられれば、真である。

しかし、高度な判断の場合には、Ⓐ、Ⓑ、Ⓒの三条件を全て有していることが、その判断が真理であるための条件である。

例えば、「生物は突然変異によって、環境に適した新しい形質を持つものが生まれ、長い時間をかけてさまざまな種類の生物が生まれた」という、ダーウィンが一八五九年に発表した進化論は、次のように、Ⓐ、Ⓑ、Ⓒの三条件を全て有しているので、真理である。

Ⓐ　例えば、年代別の地層から発見される化石は、進化の順になっている。
Ⓑ　地球上に無数の種類の生物が存在している事実・現象を、進化論に基づいて論理的に説明できる。
Ⓒ　進化論に矛盾する事実は、今までに知られていない。

以上のⒶ、Ⓑ、Ⓒという真理の条件は、学問の世界だけでなく、私たちも生活の中で常に使用してみるべきだ。自分、あるいは、他人の考えが真か偽か確かめたいとき、完全でなくてもよいので、Ⓐ、Ⓑ、Ⓒの三点を自分なりにチェックしてみれば、真偽の判定ができるだろう。

2　存在の真理の獲得方法と、その制約・限界

真理を獲得するためには、いかなる方法が最も優れているだろうか？　科学では、ある現象を論理的に説明できる仮説を立て、観察や実験によって仮説の正しさを検証し、証明する。仮説と実験結果

が合致しない場合は、仮説を変更する作業を積み重ねることによって、確実性の高い理論を構築する。このような科学的方法を実践して、現在見られるように、知識のあらゆる領域において驚くべき成果をあげてきた。さらにその成果を生活の便利さのために応用して、奇跡的とも言える現代文明を築きあげてきた。

科学的方法の創始者は、「近代科学の父」と呼ばれるガリレオ・ガリレイ（一五六四―一六四二）とされている。それ以降、現在までの約四〇〇年間に、この方法から生まれた素晴らしい成果と、それ以前の長い停滞時代を比較すれば、この科学的方法に対する信頼は高まる一方である。

だからといって、科学的方法が万能で、それに基づいて獲得した知識が絶対的な真理であるとは断言できない。

第一の理由は、真理の条件として挙げたⒶ、Ⓑ、Ⓒが成立しても、真理であることが絶対に保証されたわけではない。もっと精度の高い実験が行われて、従来の理論を否定する新しい観測や実験の結果が出ることがあり得る（Ⓐ）。将来、関係がある現象をもっと完全に説明できる理論が生まれる可能性がある（Ⓑ）。理論と矛盾する事実が現れるかもしれない（Ⓒ）。これは、科学上の理論が過去に何度も塗り替えられてきた歴史が示すとおりである。

第二の理由は、科学的方法は、観察や実験結果に最終的根拠を求めるものだから、人間が経験や観察できる現象を超えた事柄については力が及ばないことである。例えば望遠鏡で観測できる空間は限られているし、顕微鏡や加速器で確認できる極微の世界も限界があるので、それを超えた無限大や無限小に近い事象については、仮説を立てても、検証できない。無限に隔たった過去や未来の事象についても同様だ。

結局、私たちが取るべき態度は、科学的方法によって獲得した知識が真理である確率は、一〇〇%ではないかもしれないという条件を付けることだ。そして、人間の感覚と知性の有限性を自覚しながら、仮説と実験による試行錯誤を永久に続けることによって、より確実な知識に接近していくことだ。

3　物質的な客観世界は実在するか

私たちが現に見ている世界（宇宙・自然・人間）はどのようにして存在するようになったのか？その探究は第2章で行うが、その前に、「物質的な客観世界は本当に実在しているのか？」という最も基礎的な問題を処理しておく必要がある。

物質的な客観世界が実在することは、誰も疑っていないだろう。しかし、物質的な客観世界の存在は、よく考えれば、決して自明のことではなく、論理上は一〇〇%の絶対的確実さを保証されていない。だから、それに対する私たちの立場を決めておかなければ、世界像の把握のために安心して物質的な客観世界へ旅立つことはできない。

物質的な客観世界とは、我々の意識の外に、意識とは独立して存在する物質的な世界のことである。そのような物質的な客観世界が実在していることは、どのようにして保証されるのだろうか？

今、「目の前に一つのリンゴがある」と判断したとする。これは、厳密に言いかえると、「私の意識上の現象の中で、一つのリンゴがあるように、私には思える」という判断をしたことになる。私が嘘をつかない限り、これは意識現象を直接ありのままに記述したものなので、意識の中でリンゴが存在しているのは事実であると考えてよい。厳格な懐疑論者が全ての存在を疑ったとしても、意識現象の存在だけは疑うことが出来ない。

デカルト（一五九六―一六五〇）は全ての存在を疑ってみたが、「考えたり疑ったりしている我」の存在だけは、疑うことができないという結論に到達した。そして、「我思う。ゆえに我あり」と説いて、我の実体としての霊魂の実在を主張し、彼の哲学の第一原理とした（『方法序説』）。

しかし、「思う、考える」という意識現象は確かに誰でも直接に把握できるが、その主体としての「我」という実体そのものを直接に認識することや検証することはできない。これが彼の第一原理の難点である。それよりも、意識現象そのものの存在なら、誰もが疑うことができない自明のことで、検証不要である。したがって、意識現象の実在を、私の哲学の第一原理とする。

精神とは、意識現象の流れのことであり、何らかの実体ではない。自我とは、意識現象が統一された姿のことであり、何らかの実体ではない。意識現象の状態は一種類ではなく、いろいろな種類の状態があり、あるときは精神と呼ばれるような状態になり、あるときは自我と呼ばれるような状態になり、あるときは心と呼ばれるような状態になる。したがって、精神や自我や心と同じような意味で使われる霊魂も、実体として実在するものではない。

次に私が「私の意識現象とは独立して、外界に一つのリンゴが存在する」という判断をしたとする。この場合、判断と実在の一致を、どうすれば保証できるだろうか？

はじめに、「意識とは別に客観的に独立した外界で、一つのリンゴが実在する」と仮定してみる。次に、以下の一連のプロセスが起こると仮定する。すなわち、リンゴから放射される太陽光線の反射光が、私の目の水晶体を通過して網膜に達する。網膜にある感光細胞に光があたると、そこにあるロドプシンという物質が光化学反応を起こして、感光細胞に接続している視神経に興奮が生じる。その興奮が神経を通して大脳の視覚領域に伝わり、色や形の感覚が生じる。この色や形の感覚が、意識の中で統一されて、リンゴとして認知されると仮定する。

以上の全体のプロセスは真理の三条件のⒷに該当する。「意識とは独立した外界に、客観的にリンゴが実在する」と仮定すれば、「意識の中にリンゴが存在する」という現象を論理的に説明できる。また、「リンゴが外界に実在する」という判断は、他のいかなることとも矛盾しない（Ⓒ）。そして、このリンゴをカメラで撮影すれば、その写真は「リンゴが外界に実在する」ことの証拠となる（Ⓐ）。

しかし、写真は、リンゴの実在の証拠として完璧なものではない。例えば、全てのできごとは、夢の中のできごとかもしれないからだ。夢ではないという一〇〇％の保証は、どこにもない。夢の中でリンゴの写真が撮れても、リンゴそのものは実在していない。したがって、論理を徹底すれば、Ⓐ、Ⓑ、Ⓒの条件が全て満たされていても、意識とは独立した外界におけるリンゴの実在は、絶対的確実さを保証されていない、一つの仮説である。

豊臣秀吉（一五三六―一五九八）は、「露と落ち露と散りにし吾が身かな　難波のことは夢のまた夢」という時世の句を残した。過去を思い出すとき、記憶にあるようなことは夢の中のできごとで、実際はなかったのではないかと思うことは、誰にでもある。

これらの例のように、私たちが直接、実在を認識し、保証できるのは意識現象だけである。意識現象が生じる原因として、意識とは独立した外界に、物質的な客観世界が実在することが、要請され、仮定されたのである。物質的な客観世界が実在すると仮定すれば、絶対に実在する意識現象を完全に説明できるし、何ら矛盾や不都合は生じないので、物質的な客観世界の実在を真理として扱うことにする。

2　価値判断について

この本の主題である「いかに生きるべきか？　今日、何をなすべきか？」という問いは、「いかなる価値を求めるべきか？　選ぶべきか？」という問いである。その価値についての基礎的な問題をこの2で扱う。

1　価値判断の真理の定義と、真偽の確認方法

価値判断の真理の定義

価値という言葉の定義として、何が適切だろうか？　ここでは次のように一般的な定義を採用する。「Aが存在することは、Aが存在しないことよりも望ましい」と考える場合、「Aは価値がある」、「Aは善である」、「Aはよい」と言うことにする。

逆に、「Aが存在することよりも、Aが存在しない方が望ましい」と考える場合、「Aは反価値である」、「Aは悪である」、「Aはわるい」と言うことにする。

価値判断の真偽の確認方法

ある価値判断の真偽をどうすれば確認できるだろうか？　価値判断には手段価値判断と目的価値判断の二種類がある。手段価値とは、何らかの目的を達成するための手段として、役に立つ有用性のことである。目的価値とは、他の目的や物事の手段としてではなく、それ自身が最終的な目的になっているものである。

手段価値判断の場合、「Aは価値がある」という命題を「AはPの役に立つ」という形に言いなおしてみると、これは存在判断になるから、存在判断の真偽の確認方法をそのまま適用できる。すなわち、Aは本当にPの役に立つかどうかは、実際に試してみるか、科学的知識に照合することにより、事実かどうかを判定できる。例えば、「この薬は価値がある」という判断が本当かどうかは、実際にその薬を自分で服用し、あるいは、製薬会社の試験結果を調べれば、病気の治癒にどれだけ効果があるか分かるので、その真偽を確認できる。

目的価値判断の場合も、実際にそれを体験したり実験したりして、その結果を見れば、その対象の存在が望ましいかどうかは自ずと明らかになる。例えば「この音楽には大きな価値がある」という目的価値判断の場合は、実際にコンサートホールに行き、あるいは、レコードを聴いて、どれだけ感動するか、快くなるか、元気になるかなどの結果を見れば、確認できる。

2　選択や価値判断の具体的方法

日常生活でも直面する選択や価値判断は、具体的にどのような方法で行えばよいのだろうか？「AとBのどちらを選ぶべきか？」、「Aをするべきか、しない方がよいか？」というような場合、次のようなプロセスを行って、総合評価することが必要だ。

「AとBのどちらを選択すべきか？」という問題の解き方

これは、「Aの価値とBの価値の、どちらの価値の方が大きいか？」という問題であるから、次のことを紙に書き出して、判断する。

(1)　評価項目を全部列挙する。評価項目の選び方や評価項目のウェイト付けのしかたによって、結論は違ってくる。評価項目の一つとして、「後悔の可能性」を必ず入れる。そして、後悔を未然に防ぐために、将来、どちらの方が後悔を生じる可能性が高いかを考える。すなわち、現在の視点だけでなく、一日後、一年後、一〇年後、五〇年後などに過去を振り返ったときの評価は、どうなるだろうかという視点から判断する。後悔は、他の項目と違って長く続くことがあるので、最重要項目にすべきだ。

(2) 評価項目別にAとBの評価をする。評価を点数で示すと分かりやすい。これによって、AとBの長所・短所、プラス点・マイナス点を明らかにする。評価項目を列挙しないで、AとBの長所・短所、プラス点・マイナス点を、思いつくままに挙げるだけでよい場合もある。

(3) こうして作成したAとBの比較表を検討して、総合評価が高い方を選ぶ。

例えば、カメラAとBのどちらかを購入する場合、評価項目としては、画質・カメラの大きさ・使いやすさ・価格などがある。もしも、最重要項目が画質で、その点でAとBにかなりの差があり、他の項目が大差なければ、総合評価はAの方が高くなる。

また、入学・就職・結婚・選挙などにおける選択も価値判断であるから、以上の方法を適用して結論を出すことになる。

「Aをするべきか、しない方がよいか？」という問題の解き方

前記のAとBの選択問題で、Bの代わりに「Aをしない」を置き換えればよい。例えば、体のどこかが痛むとき、「痛みを軽減する薬を飲むべきか、飲まない方がよいか？」という問題は、薬の効果というプラス点と、副作用というマイナス点をくらべて、総合評価を行う。痛みが非常に強い場合は、多少の副作用はあっても、効果のある薬を飲む方がよいという判断になるだろう。

第Ⅰ部第6章で取り組んだ「ビッグバンを起こすボタンと、起こさないボタンの、どちらを押すべきか？」という問題や、「古代ローマ帝国で闘技場を建設すべきか、止めるべきか？」という問題も、これと同じ価値判断の一種である。前者の問題では、世界が生んだ真・善・美などの価値がプラス点であり、人間や動物の苦しみなどの反価値がマイナス点である。後者の問題では、市民の楽しみがプラス点であり、人間や動物の苦しみなどがマイナス点である。

3　価値判断の普遍性

目的価値判断は普遍性を持つだろうか？　ある価値判断は、どこでも、誰にとっても成り立つだろうか？「太陽は東から昇り、西に沈む」という例が示すように、真なる存在判断は、例外なく誰にとっても成立し、普遍性を持つ。しかし、目的価値判断は全く主観的なもので、普遍性はないという意見がある。果して実態はどうであろうか？

殺人や盗みは、どの社会でも悪である。納豆は一般に日本人に好まれているが、外国人には好まれない。音楽を聞いたとき、感動の大きさは人によって違う。宗教は、信者にとって絶大な価値があるが、信じない人にとっては、そうではない。累進課税は低所得者にとって望ましいが、高所得者にとっては望ましくない。

「人種や性別や階級に関係なく、人間は平等である」という価値判断は普遍性を持ち、現代では大部分の国に普及しているが、歴史をさかのぼると、奴隷や黒人や女性や特定の階級に平等な権利を認めない時代が長く続いた。

「動物を倫理的に扱うべきである」という価値判断はどうだろうか？　欧米では「動物を倫理的に扱う必要はない」という思想が長い間支配的だった。しかし、二〇世紀の後半に入って、動物の権利を認める思想が生まれて、動物を解放する運動が進展し、「動物を倫理的に扱うべきである」という価値判断が世界に徐々に普及しはじめた（第Ⅲ部第2章）。

このように普遍的な価値判断でも、初めは人々に認められず、長い年月や多くの戦いを経て、やっと認められるものは少なくない。

以上のようにさまざまなケースを調べてみると、目的価値判断は一〇〇％の普遍性を持つものもあれば、個人差・地域差・時代差などがあって、成立の比率が九〇％、六〇％、三〇％、一〇％などに限られるものもある。さらに、成立の比率は固定的ではなく、変動することもある。皆に認められている価値でも、その相対的比重は個人差がある。同じ人間でも、時と場合により、価値判断が変わることがある。

一般に、普遍性が高い価値判断には、道徳のような共同体に関するものがある。一方、成立の比率が分散する価値判断には、嗜好・趣味・美・宗教・政治などがある。したがって、目的価値判断は普遍性を持つものもあれば、持たないものもあるというのが実態である。

第2章　世界（宇宙・自然・人間）とはどのようなものか

「いかに生きるべきか？」という問題を考える前提として、世界（宇宙・自然・人間）とはどのようなものであるかについて理解する必要がある。なぜなら、私たちは、そこで誕生し、そこで生き、そこで死んでいく存在だからだ。私たちはこの世界から一歩でも外に出ることはできない。だから、世界がどのようなものであるかを知らないで、「いかに生きるべきか？」を考えることはできない。第I部の前提であった、「人間は自己の生き方を自由に決めてよい存在である」という考えは、現代の常識であるが、その根拠は世界についての知識から引き出すことができる。

世界（宇宙・自然・人間）を理解するためには、少なくとも、「1 世界が存在している原因」、「2 世界の未来」、「3 世界が存在する究極的原因と目的」についての知識を持たねばならない。その知識に基づいて、「4 人間の在り方」が導かれる。

[1] 世界が存在している原因

世界（宇宙・自然・人間）が、現在、私たちが見ているような状態で存在している原因は何だろうか？　この問いに対して科学が到達した最新の答を概観することが、この節の目的である。宇宙の生成・発展を研究する宇宙論が、他の科学と最も異なる点は、時間的にも空間的にも気が遠くなるほど離れたところの現象を扱うために、観測や実験が大きな制約を受けることだ。それにもかかわらず、一般相対性理論・素粒子論・量子論などの物理学や、最先端の観測器具を駆使して、現代科学は非常に信頼できる宇宙論を構築しつつある。

1　宇宙の誕生から太陽の誕生まで

現在見られる宇宙の全ての存在は、一三七億年前にビッグバン（大爆発）という出来事があり、その後、自然に内在する法則を動因として、自然が自己展開した結果として生まれた。このビッグバン理論は、ハッブルの法則や宇宙背景輻射など、それを裏付ける多くの証拠があり、現在の世界がどのようにして存在するようになったのかを科学的に説明でき、また、この理論と矛盾する観測事実も出てこない。そのため真理の三つの条件を備えており、大多数の科学者によって支持され、定説になっている。

無からの創造とインフレーション

ビッグバン以前の宇宙はどのようなものだったのか？　ビッグバンを起こした火の玉は、どのようにして存在するようになったのか？　この疑問に対する説明としては、「無からの創造」理論と「インフレーション」理論が有力である。

ビレンキン（一九三三―　）が提出した「無からの創造」理論によると、一三七億年前、物質もエネルギーも時間も空間もまったく存在しない「無」から、量子トンネル効果によって、一〇の三四乗分の一センチメートルの大きさの超ミクロ宇宙が突然生まれた。ビレンキンは量子論で証明されている量子トンネル効果を、宇宙の創生に適用したのである。

「無」から生まれた超ミクロ宇宙は、「真空のエネルギー」に満ちていた。ただし、この真空は、常識的に考えられる全く何もない空っぽではなく、粒子と反粒子がペアで生まれては直ぐに消えるという現象が繰り返される空間で、その現象を起こす原因になっているものを「真空のエネルギー」と呼んでいる。

インフレーション理論によると、「真空のエネルギー」に満ちた超ミクロ宇宙は、その誕生した瞬間から一〇の四四乗分の一秒後に、急激な大膨張（インフレーション）を始め、一〇の三三乗分の一秒後に膨張を終了した。その一瞬間に、一〇の三四乗分の一センチメートルの大きさから、一センチメートルくらいの大きさに膨張した。これは割合でいうと、直径一センチメートルの球が一兆光年の大きさの宇宙に膨張したのと同じである。インフレーションの膨張の間、単位体積当たりの「真空のエネルギー」の密度は一定という特性を持っていたので、宇宙に存在する「真空のエネルギー」の総量は、宇宙空間の膨張と同じ割合で増加した。

現在の宇宙に存在しているエネルギーと質量の全てが無から創造されたとすると、「エネルギー・質量保存の法則」という物理法則は、この場合には成立していないのかという疑問が生じる。当然、保存則はここでも成立している。初めの無の状態はエネルギーがゼロの状態である。そこからプラスのエネルギーが「真空のエネルギー」として生まれたとき、同時にそれと同じ大きさのマイナスのエネルギーが生まれ、それは空間の曲がりに存在することが、一般相対性理論によって説明できる。インフレーションの膨張の間の「真空のエネルギー」の増加も、同様である。したがって、宇宙に存在するプラスのエネルギーとマイナスのエネルギーの総和は常にゼロに保たれてきた。

ビッグバンと軽元素の合成

インフレーションの終了時点で、その莫大な「真空のエネルギー」は素粒子（アップクォーク・ダウンクォーク・電子など）とその運動エネルギーに転化した。この状態が高温・高密度の火の玉宇宙（ファイアボール宇宙）で、そこに内蔵されたエネルギーによって火の玉は大爆発（ビッグバン）を起こした。この出来事をビッグバン宇宙の誕生と呼んでいる。驚くべきことに、この小さな火の玉宇宙の中に、現在の広大な宇宙に存在している全ての物質とエネルギーが押し込められていた。

大爆発による膨張につれて宇宙の温度が下がると、素粒子のアップクォーク二つとダウンクォーク一つが結合して陽子が、また、アップクォーク一つとダウンクォーク二つが結合して中性子が作られた。

ビッグバン宇宙の誕生から三分後までに、一つの陽子からなる水素原子核、陽子と中性子が結合した重水素原子核、陽子と中性子が二つずつ結合したヘリウム原子核、さらにリチウム・ベリリウム・ホウ素という軽い原子核が作られた。それ以降は、宇宙の温度がさらに下がってしまったので、より重い原子核をつくる核反応へ進まなかった。これら五つの軽元素以外の全ての元素は、ずっと後に星が生まれてから、その内部で合成された。

宇宙の晴れ上がりと宇宙背景輻射

ビッグバン宇宙の誕生から約三八万年後、宇宙の温度が絶対温度三千度（摂氏マイナス二七三度を〇度とする絶対温度）に下がると、自由に飛びまわっていた電子（マイナスの電気を帯びる）の動きが弱まって、原子核（プラスの電気を帯びる）に引き寄せられて、原子核と電子が結合して原子ができるようになる。水素原子核と一つの電子が結合して水素原子が、ヘリウム原子核と二つの電子が結合してヘリウム原子が形成される。

車のヘッドライトが霧の中を照らすと、光が霧の粒子にぶつかって散乱し、遠くまで届かないため、空間が透明ではなく白く濁って、先を見通せない。これと同じように、それまでは、光（光子）は、宇宙の中を飛び交う電子にぶつかり直進できず、散乱したので、宇宙は不透明だった。

しかし、いまや電子が原子核につかまえられたので、光（光子）は電子にぶつかって散乱しないで、直進できるようになり、それまで不透明だった宇宙は透明になった。これは太陽光線を遮る雲が無くなって、晴れ上がる状態に似ているので、「宇宙の晴れ上がり」と呼ばれている。

「宇宙の晴れ上がり」は宇宙の全ての場所で同時に起こった現象なので、この時に直進を始めた光は、現在も宇宙に充満して、あらゆる方向から電磁波として地球上にも降り注いでいる。その存在は、ビッグバン理論を最初に提唱したガモフ（一九〇四―一九六八）によって予言されていた。火の玉宇宙の「化石」とも言えるこの電磁波が、絶対温度三度の宇宙背景輻射として一九六五年に発見され、ビッグバン理論を支える直接的な証拠になった。

銀河と恒星の形成

宇宙が晴れ上がる前は、宇宙に存在していた物質の密度は、場所により多少の差はあっても、光子と電子の相互作用により、密度差はそれ以上大きくならなかった。しかし、晴れ上がった後は、高密度の部分は自らの重力（万有引力）により周囲の物質を引き寄せ、密度をさらに高めて、重力も大きくなっていく。

この繰り返しにより、初めはほんのわずか密度が高かった部分に、どんどん物質が集まっていき、星や銀河（星の集団）が形成され、宇宙誕生の四億年後に、最初の星が生まれた。現在この宇宙には数千億個もの銀河が存在しているが、太陽がある銀河は一二〇億年以上前に誕生し、約二千億個の星から構成されている。

星が生まれて、重力による収縮が進むと、重力エネルギーが熱に変換され、中心部は高温になる。その温度が千万度以上になると、四個の水素原子が融合して、一個のヘリウム原子核になる。この核融合反応の際、質量が〇・七％だけ減少し、その時消えた質量は、エネルギー・質量保存の法則により、膨大なエネルギーに変換される（$E=mc^2$）。そのエネルギーの一部は光になって放射し、一部は星自身が重力で収縮して崩壊するのを抑止する働きをする。

重い元素の生成と太陽の誕生

星の中心部の水素が核融合反応によって全部消費され尽くすと、熱エネルギーが出なくなり、ヘリウムから成る中心部分はさらに収縮し、温度が上がる。一億度の温度になると、三つのヘリウムが核融合して炭素の原子核になる。このようなプロセスが順に起こって、重い元素が次々と生成し、最後に鉄の原子核が生まれる。

そのときの温度では鉄は核融合を起こさないので、熱エネルギーが発生しなくなり、星の中心部は重力によって縮み続け、ついには自らの重力に対抗できなくなり、崩壊して爆発する。これを超新星爆発と呼んでいる。

この爆発時の超高温により、鉄より重い元素が生まれて、他の重い元素とともに周囲に散らされて、銀河の中の星間物質に混じる。また、超新星爆発が起こると、その衝撃で周囲の星間物質に密度が高い部分が生まれる。それが自らの重力で収縮を始め、近くの物質を集めて大きくなり、星になる。超新星爆発を起こす重い星の寿命は、千万年から数千万年程度で、このような星の誕生と死が銀河の中で何度も繰り返されていく過程で、銀河の中の重い元素は増加していく。このようなプロセスによって、約四六億年前に重い元素を含む一つの星として太陽が誕生した。

2　地球の誕生から生命の誕生まで

地球の形成

太陽に集まりきらず、まわりに残されたガスや塵は、太陽の自転の影響で円盤状になっていく。やがてこのガスや塵が集まって固まり、微粒子になり、微粒子が集まって小石になり、さらに大きな球になり、それが微惑星に成長していく。こうして、太陽の周りに生まれた無数の微惑星が衝突と合体をくりかえして成長し、惑星が生まれる。その一つが地球で、太陽と同じ四六億年前に誕生した。

原始太陽の周りに円盤状に集まったガスや塵の中の重い元素が、円盤の赤道面に沈殿し、そこで地球などの惑星ができたため、地球の組成では重い元素の比率が高い。太陽以外の星で作られた重い元素が地球になかったら、重い元素を含む生命は、地球上に生まれなかったことになる。

海と生命の誕生

原始地球が形成される過程で、微惑星の衝突と集積によって発生した重力エネルギーは熱に変わり、地球全体を高温にした。この熱により、原始地球の表面から水・一酸化炭素・窒素などが蒸発して厚い大気ができた。地球の熱は、この大気に遮られて宇宙空間に放射されないので、地表は高温になって、岩石が溶けてマグマの海になった。

その後、微惑星の衝突が減ると、マグマの海は冷え始めて、表面が固まって原始地殻になる。その結果、大気中の水蒸気が冷えて大雨となって降り、海ができた。

原始の海底では、いたるところに熱水が噴き出る熱水噴出孔があり、このような場所で元素や分子の様々な化学反応が起こり、簡単な有機物ができる。それらがしだいに複雑な有機化合物に変化して、生命の基本物質であるアミノ酸・核酸塩基・糖などができ、さらに発展してタンパク質と核酸がつくられた。

このように別々に生まれて進化していったタンパク質と核酸は、やがて密着して共生しているうちに合体して、一つの細胞が形成された。こうして、約四〇億年前に単細胞という形で原始生命が誕生したと考えられている。しかし、生物の最大の特徴である自己複製（繁殖）能力が、いろいろな偶然があったにせよ、どのような過程を経て生まれたのか、まだ完全に解明されていない。

3　単細胞生物から哺乳類への進化

生物の進化

現在地球上には一二〇万種類（このうち八〇万種類は昆虫）の動物と、三〇万種類の植物が生存するといわれている。これらは全て、四〇億年前に海の中で最初に誕生した単細胞生物が進化し続けた結果として、生まれたものである。一方、この一〇〇倍にあたる一億五千万種類の生物が、環境の変化に適応できないで、絶滅したと推定されている。

「わずかな変異も、もし有利なら、保存されるというこの原理を、私は自然選択という名前で呼んだ」というダーウィン（一八〇九—一八八二）の言葉が、進化論の意味を簡潔に表現している。個体に偶然起こる突然変異が、環境の中で有利に生きるのに適していれば、その遺伝子を受け継いだ子孫は増加する。そして、長い時間の中でそのように有利な突然変異が累積して、新しい種が生まれる。

酸素の生成と多細胞生物の誕生・発展

動物が生きるためには、水中でも陸上でも酸素が必要である。その酸素は、約二五億年前に浅い海に大繁殖した光合成生物によって作られた。光合成生物は太陽光線と二酸化炭素と水を外部から取り入れて化学反応を起こし、自身の体を構成する有機化合物を合成し、副産物としての酸素を外部に出す。現在、大気の二一%を占める酸素は、動物の呼吸や燃焼によって消費されているが、植物の光合成によって新たに供給され、維持されている。

生物の進化の過程を眺めると、そのスピードにはかなりのムラがある。四〇億年前に生まれた原始生命は、その後三〇億年間、単細胞のままであったが、一〇億年前に多細胞植物が生まれ、六億年前に多細胞動物が生まれた。

そして、五億四千万年前、急激な変化が起こり、海中で多細胞生物が爆発的に増加し始める。この「カンブリア紀の大爆発」と呼ばれる五〇〇〇万年の間に、現在の生物に基本的に共通する主要な解剖学的仕組みが確立した。この時代の生物は硬い骨格を持ち、化石として発見されるので、詳しい研究がなされている。また、最初の脊椎動物である魚類は四億八千万年前に生まれた。

やがて生物は海から陸上に進出する。まず四億二千万年前に植物が、三億六千万年前に脊椎動物が、川を経て陸上に登場した。陸上の環境は温度差・高度差など海よりも多様だったので、生物はその異なる環境に合わせて進化し、種類が増加していった。三億年前に両生類から爬虫類が生まれ、二億三千万年前には爬虫類からネズミに似た最初の哺乳類が誕生して、進化を続けた。

恐竜の絶滅と哺乳類の繁栄

爬虫類の仲間である恐竜が、一億六千万年という長い間地上を支配した後、突然絶滅してしまった原因として、さまざまな説が挙げられているが、隕石衝突説が最も有力である。アルバレスが一九七九年に発表したこの大胆な仮説は、その後、仮説と同じ大きさと年代のクレーター（隕石の衝突跡）がメキシコのユカタン半島で発見されて、信頼性を高めた。

六五〇〇万年前、直径一〇キロメートルの巨大隕石がユカタン半島に衝突した。その時舞い上がったちりは、雲となって地球をおおい、数年から一〇年近くにわたり太陽光線をさえぎった。これにより、植物は光合成を行えずに枯れ、気温は急激に低下したので、恐竜をはじめとする多くの動物たちが、飢えと寒さのために絶滅した。

恐竜が栄えていた時代に、哺乳類はすべてネズミのように小さく、ほとんど夜行性で、土の中などで細々と暮らしていた。爬虫類とちがい全身が毛で覆われ、気温が下がっても体温を一定に保つことができた。そのため、哺乳類は、巨大隕石の衝突による環境の激変によく耐えて適応し、恐竜絶滅後、さまざまに進化し繁栄していった。このように環境の激変による存亡の危機を乗り越えて生き残ることができたのは、最も強くて賢い生き物（大きな恐竜）ではなく、環境の変化に適応できた生き物（小さな哺乳類）であった。

4　人類の誕生から文明の成立まで

人類の誕生

約六五〇〇万年前に、ネズミのような哺乳類の中からリスのような姿をした猿の一種（霊長類の先祖）が現われ、進化と共に大型化していった。約五〇〇万年前に類人猿（チンパンジーやゴリラなど）と人類の共通の祖先から、人類が枝分かれして発達を始めた。

約三〇〇万年前にアフリカで地殻変動が起き、現在のエチオピアからケニアにかけて、大地溝帯（大地の巨大な割れ目）と山脈が形成された。そのため大地溝帯の西では森林が存続したが、東の地域は気候が寒冷化して乾燥し、森林の多くが消滅して、大草原地帯（サバンナ）に変わった。

この地域の森林で樹上生活をしていた人類の祖先は、まばらな森よりも食物が多い草原へ下りて生活を始めた。彼らは森林ですでに直立歩行を始めていたが、草原ではもっと上手に二足歩行ができるようになった。

道具と言葉と火の使用

二足歩行の結果として、前足が少しずつ自由に使えるようになり、木の根や地虫を掘り出したり、小動物を捕ったりするために、前足は手に進化した。やがて、まわりにある石ころや木切れをつかんで使い始め、さらに時間が経つと、石や木をいろいろな目的に応じて加工するようになった。こうして木から下りた人類の祖先は、石器や木器という道具を製作する人間に進化していった。

そして、猛獣から身を守るために、力を合わせて石を投げたり長い棒を振り上げたりする時に、身振りや手まねでお互いの気持ちを伝え合うようになった。狩猟をするようになると、行動や役割を指示する音声から言葉が生まれた。

このように直立歩行して、道具を作り、言葉を使うようになったことが、脳を発達させた。その重い脳を支えることは、四足の状態ではバランスがとれないため難しかったが、直立することによって容易になった。

火の使用も他の動物には見られない人間だけの特徴であるが、初めは火をつくることはできないで、落雷や火山の噴火によって燃えている木から火種をとってきて保存していた。その火を使って、肉食獣から身を守り、固い食物を料理し、寒さを防いだ。

アフリカで誕生した人類は、その後ヨーロッパやアジアに移動し、各地で発達して、ジャワ原人・北京原人・ネアンデルタール人などが現れたが、彼らは結局絶滅した。

現在の人類の直接の先祖は約二〇万年前にアフリカで生まれ、約五万年前にそこから世界各地に移住を始めた。現在、人種間に見られる身体上の違いの主要な原因は、移住した地域の気候などの自然環境に適応するのに有利な色や形が、長い時間をかけて優勢になったことである。

狩猟・採集生活から農耕・牧畜生活へ

原始の人類は獣や鳥や魚や食用の植物を、歩いて探し求める狩猟・採集生活を長く続けた。そのうち、人間の排泄物やごみで地味が肥えている住居のそばに捨てられた種子や果実や球根が成長したものは、野山で生えているものより立派であることを発見する。

そこで、先のとがった土堀棒で地面を掘り、肥料をやり、球根や種子を植えて育てる栽培を始め、実が熟するまでの間、植物を守るために定住するようになった。こうして西アジアでは一万二千年前に農業が始まった。また、定住した人間の住居のそばに、野生の牛・馬・羊などの動物が近寄り、数代以上にわたって人間と接触するうちに、野生動物は馴らされて家畜になっていった。

初期の農業は天然の雨水に頼ったものだったが、やがて川から水を引く灌漑を始めることにより、収穫量が飛躍的に増大して、余剰農産物ができるようになった。その余剰農産物を他の生産物と交換する市場ができ、そこに多くの人々が集まって都市が形成された。

文明の成立と発展

余剰農産物を手に入れた人々は、農耕牧畜をしないで、他のさまざまな仕事や活動をすることができるので、それから文明が生まれる。こうして、メソポタミアのチグリス・ユーフラテス川流域とエジプトのナイル川流域に紀元前三五〇〇年から紀元前三〇〇〇年頃、インドのインダス川流域に紀元前二五〇〇年頃、中国の黄河流域に紀元前一五〇〇年頃、古代文明が成立した。

その後、これらの古代文明は周辺地域に波及し、受け継がれ、今われわれが恩恵を受けている現代文明に発展していった。特に、自分の生産物や労働を他人に提供し、代償として得た貨幣で他人の生産物やサービスを入手する分業の進展と、科学技術の発達と、民主主義・自由主義の確立によって、極めて便利な現代社会が現出した。

2 世界の未来

「世界（宇宙・自然・人間）とはどのようなものか？」という問いに答えるためには、「世界の過去と現在」を調べるだけでは不十分で、「世界の未来」も知る必要がある。例えば、キリスト教では、未来に行われる最後の審判という考え方が、人間の生き方に大きな影響を与えたように、世界の未来を知ることによって、現在の人間の生き方が影響を受けるかも知れないからである。世界の未来を次の三つの視点から考えてみたい。

1　太陽と地球と星の未来

太陽が約四六億年間、輝き続けてきたのは、太陽の中心部で水素同士が核融合反応を起こしてヘリウムに変換するとき、質量の一部がエネルギーに変換するからだ。この燃料となる水素が、今から五〇億年後には使い果たされて無くなる。

その次はヘリウム同士が融合して、炭素や酸素に変換してエネルギーを放出するが、このとき太陽は地球の軌道を飲み込むほどに膨張して、太陽表面の温度は下がって赤色巨星となる。この段階が約十億年続いた後、太陽はゆっくり冷えて小さな白色矮星となる。その結果、六〇億年後の太陽系は、白色矮星となって輝きを失った太陽の周りを火星・木星・土星・天王星・海王星の惑星が回り、水星・金星・地球はすでに蒸発して存在していない。白色矮星は余熱と重力の圧力で光を発しているが、もはや燃料は無いので、数十億年後には黒色矮星となる。

以上は太陽と同じか、太陽の数倍程度の重さまでの星がたどる運命であるが、星の運命は、生まれた時の重さの違いによって異なる。

太陽の三〇倍以下の重さの星は、超新星爆発（前節参照）を起こした後、残った中性子でできた中性子星になる。

太陽の三〇倍以上の重い星は、超新星爆発を起こした後、残った中心部分がどこまでも収縮を続けて超高密度になり、巨大な重力を持つようになる。その重力が周りのものを吸引して、光も電波もX線もいかなる物体もそこから脱出できず、黒く見えるので、ブラックホールと呼ばれる。ブラックホールのイメージは底無しの穴のように連想しがちだが、実際は一つの黒い天体である（ブラックホールは巨大な星間ガス雲の収縮によって生まれるケースもある）。

このように、すべての星は、最後にはその質量に応じて、白色矮星か中性子星かブラックホールになる。これらは全て内部の核融合反応を終えて、燃料を使い果たしているので、光を出さなくなる。また、星間ガスは新しい星の材料として使い尽くされるので、その後は新しい星は生まれなくなる。その結果、一〇〇兆年後の宇宙は、暗闇につつまれた墓場のようになる。

2　宇宙全体の未来

宇宙は誕生してから現在まで膨張を続けてきたが、今後も永久に膨張を続けるのだろうか？　それとも、未来のある時点で膨張を止めて、収縮に転じるのだろうか？　宇宙を膨張させる原因は、ビッグバンの爆発力であり、宇宙を収縮させる原因は、宇宙の物質相互間に働いている重力（万有引力）である。したがって、どちらの力の方が強いかが分かれば、宇宙の未来は分かると考えられてきた。

宇宙の膨張速度は重力によって減少していると考えられてきたので、どのような割合で減少しているのかということが科学者の研究課題であった。この減速の割合を測定するため、超新星爆発の光の変化を調べていたアメリカのローレンス・バークレー国立研究所は、意外なことに、宇宙の膨張は減速ではなく加速している事実を一九九八年に発見した。

宇宙の膨張を減速させようとする重力よりも大きく、膨張を加速させている未知の力は、「暗黒のエネルギー」と命名されているが、その正体は何だろうか？　それは「真空のエネルギー」であるという仮説が有力である。無から創造された宇宙に、インフレーションという急激な膨張を起こさせた「真空のエネルギー」の全てが、ビッグバンの時点で素粒子とその運動エネルギーに転化したのではなく、一部が残存していた。それがビッグバンから一〇〇億年後に、ゆるやかな「第二のインフレーション」を起こさせて、今も続いているという説である。

このように宇宙が加速膨張している事実は、未来の宇宙は収縮しないで、無限に膨張することを示している。全ての星が燃え尽きて、白色矮星や中性子星やブラックホールになった後も、暗闇になった宇宙は膨張を続ける。

一方、銀河の中に存在しているブラックホールは、周囲の物質を飲み込んで成長していく。また、高速の星が銀河から飛び出すときエネルギーを持ち出して、銀河内部の運動エネルギーが減少して、銀河が収縮する。そして、ブラックホールは合体して大きくなりながら、銀河の中心にある大質量のブラックホールに向って、重力によって引き寄せられていき、最後は銀河全体が一つの巨大なブラックホールになる。この現象が全ての銀河に起きるので、結局は、全ての銀河が無くなって、宇宙は無数のブラックホールだらけの暗黒の世界になる。

宇宙は膨張とともに温度が下がっていくが、絶対温度がゼロ近くまで下がって、ブラックホールの温度よりも低くなると、ブラックホールは熱放射を行って蒸発し、蒸発が終わった時には、ブラックホール自体が消えて無くなっている。

その結果、宇宙に存在するものは、ブラックホールの蒸発で生まれた光子と、「宇宙の晴れ上がり」のときに生まれた宇宙背景輻射の光子だけになる。こうして、一度は暗闇になった宇宙は、また、光を取り戻すことになる。

絶対温度がゼロに近い状態では光子のエネルギーも非常に低いため、光子から物質粒子が生成されることはない。したがって、光だけが存在する宇宙が、絶対零度に向かって永遠に膨張を続ける。この極低温の状態をビッグフリーズと呼んでいる。宇宙はビッグバンで始まり、ビッグフリーズで終わることになる。

3　人類の未来

五〇億年後に太陽が赤色巨星になり、そこに地球が飲みこまれて消えるとき、地上の一切の生物は、人類がその時に生存していたら人類も、消滅する。しかし、その前に人類の生存を脅かす出来事が少なくとも二回は考えられる。巨大隕石の衝突と超人類の出現である。

すでに人間の脳は発達の限界にあるので、今よりもはるかに知性が進化した超人類という新しい種は誕生しないという説もある。だが、現在まで続いてきた生物の進化が、人類を頂点として永久に止まってしまうと考えるのも、不自然だ。もしも、超人類が出現したら、人類は彼らと平和的に共存できるのだろうか？　あるいは、奴隷や家畜のように彼らに利用される存在になるのだろうか？　それとも、彼等の邪魔になるという理由で、滅されるのだろうか？

以上のように人類の存続を脅かす出来事は別にすると、人間の生き方はどうなるだろうか？　科学技術が限界なく進歩して、生活の物質面は益々便利になっていくだろう。だが、人間が生まれて成長し、子供をつくり、食べるために働き、さまざまな欲求を満たすために努力し、そして死んでいくという生き方の基本は変わらないだろう。

もしも、この生き方が根本的に変わるとすれば、それは、医学や遺伝子工学の進歩によって病気や老化が克服され、不老不死という人類の夢が実現した場合である。そのとき地球が養えるだけの人口の制限が行われれば、人間は半永久的に生き続けることができる。このような世界では、生きることに疲れたり飽きたりした人の自殺によって減少した人数の枠内で、子供を生むことが許可される（地球以外の惑星に移住できれば、人口制限は緩和される）。また、何度でもやり直しができるので、「いかに生きるべきか？」という問題は、今ほど重要ではなくなるだろう。

3 世界が存在する究極的原因と目的

1 世界が存在する究極的原因

「1 世界が存在している原因」で、現在私たちが生きている世界がどのようにしてできたのかを理解した。そこでは、ビッグバンとインフレーションが起こる前について、「無からの創造」という仮説が提出されている。しかし、「無からの創造」理論が正しいとしても、それで全ての疑問や謎が消えたわけではない。

無からエネルギーや物質や空間や時間が生まれ、それが自己展開する究極的原因としての物理法則は、なぜ存在しているのかという疑問が次に生まれる。つまり、科学が究極的な物理法則を突き止めたとしても、その法則がなぜ存在しているのかという謎は最後まで残る。「世界が無（非存在）ではなく、存在しているのは、なぜか？」という世界存在の究極的原因について、科学は答えることができない。

この不可解さを、哲学者のウィトゲンシュタイン（一八八九―一九五一）は、「世界がいかにあるかが神秘ではなく、世界があるという事実が神秘である」と表現している。パスカルは「人間は事物の始めをも終わりも知ることができない永久の絶望のうちにあって、ただ事物の中間の様相を認めるほか、何をなしえるであろうか？」と嘆いた（『パンセ』）。この謎に対して、私たちはどのような対応をすべきだろうか？　宗教を除く主要な三つの対応を以下に検討する。

【1】不可知論

人間に与えられた有限な感覚や知性では、世界存在の究極的な原因を知ることはできないと考える。この立場の長所は、知らないことは知らないと認める無知の自覚である。しかし、これほど重大で根本的な問題について全くの無知、あるいは判断中止の状態に置かれることに対して、人間は大きな困惑と苦痛を感じる。

分からないことについては、科学は不可知論の代わりに仮説を作って対処してきたが、世界の存在の究極的な原因についても、同じ態度で臨むべきだ。「全く分からない」という宙ぶらりんな答の土台の上に、「生き方の原理」というしっかりした家を築くことはできない。この状況をヒュームは次のように述べている。

「数学を除けば、われわれは確実なことを何も知らない。しかし、それでもわれわれは生きなければならない。そして、生きるということは行為することである。したがって、あらゆる行為は、実在に関する仮説に基づかざるを得ないのである」(Bryan Magee "The Story of Philosophy")

【2】インテリジェント・デザイン理論

世界が現在のように存在している究極的原因として、世界の設計者である知的存在を仮定し、物理法則もその知的存在によって作られたと考える。その知的存在は、最終的に人間を世界に出現させるという目的をもって、物質とエネルギーを材料とし、自然法則を道具として一三七億年という時間をかけて、世界を設計し、製作した。宇宙の生成・展開には「デザイン」すなわち構想・意図・意志・目的といったものが働いていることを事実として認めようという立場が、インテリジェント・デザイン理論である。インテリジェント・デザイン理論は宗教ではないので、その知的存在のことを神とは呼んでいないが、神の概念に近いものだ。

インテリジェント・デザイン理論という革新的な考え方が、一九七〇年代に登場して、一部の科学者の支持を得ているのは、なぜだろうか？　それは、物理法則を構成しているさまざまな物理定数が、もしも、現在の数値よりもわずかでも大きかったり、小さかったりしたら、地球上に人類は登場しなかったと考えられるからだ。物理定数が、生物がこの世界に出現するような絶妙な数値になっているのは、なぜかを、科学は説明できない。最終的に人類が登場するように、知的存在が物理定数を調整して、法則を設定したと考えれば、説明できる。

しかし、インテリジェント・デザイン理論は、以下のように、存在判断が真理であるための条件として、「証拠がある」、「関係がある全ての現象・事実を説明できる」、「他の真理・現象・事実と矛盾しない」という三つとも備えていないので、採用できない。

（1）宇宙の設計者の存在を直接に検証できないのは、なぜか？　世界に人間を出現させた目的は何か？　知的存在自体が存在している原因は何か？　世界の至るところに見られる悪（存在すべきでないもの）を、知的存在は、なぜ生み出したのか？　人類は五〇億年後には地球とともに消滅する。他の惑星に移住しても、一〇〇兆年後には宇宙全体は暗闇になるので、人類は消滅する。知的存在にとって最終目的である人類が滅びるのは、なぜか？　これらの疑問に対して、納得できる説明がなされていない。

インテリジェント・デザイン理論と似ている「宇宙の人間原理」の理論を一九六一年に発表したディッキーは、宇宙が人間を出現させた目的を次のように述べている。もしも、人間が世界に登場して、真理を認識する活動をしなかったら、宇宙は永久に自分自身の姿を認識することができない。だから、宇宙は自分自身の姿を自分で知るための手段として、人間を出現させたのである。

しかし、この説明には大きな無理や矛盾がある。宇宙は、何のために自分自身を知ろうとするのか？　もしも、人間が宇宙の姿を見て、宇宙の気に入らない部分を変えたいと思っても、変えることはできない。また、世界（宇宙・自然・人間）が存在しないで無の状態ならば、世界の姿を知る必要もないのだから、世界の姿を知るために、無の状態から世界を出現させたというのは論理的ではない。
（2）　相対性理論と量子論によると、私たちが住んでいる宇宙は唯一の宇宙ではなく、宇宙は無数に存在する可能性が高い。「無」からは、私たちの宇宙だけでなく、無数の宇宙が生まれ得る。これらの無数の宇宙は、たがいに影響を全く及ぼし合わず、それぞれが異なった初期条件や物理法則をもって誕生した可能性がある。
したがって、私たちが住んでいる宇宙は、たまたま人類が生まれるような物理定数をもっていたに過ぎず、他の多くの宇宙はそのような物理定数ではないのかもしれない。そうだとすると、人間を出現させる目的で、宇宙は設計・製作されたというインテリジェント・デザイン理論は成立しない。

【3】　存在根底論

存在の究極的な原因を人間が知ることができないのは、人間の感覚や知性が不完全で有限なせいではなく、そもそも存在の究極的な原因というようなものは無いからだと考える。存在の究極的な原因は存在という事実そのことであり、それ以上さかのぼることはできないし、それ以外の原因は何も無い。無いものをいくら探しても、見つけ出すことはできない。これが、存在の究極的な原因を探究する努力が、今まで全て失敗に終わった理由である。これは、「無からの創造」の原因になっているような物理法則の存在自体が、それ以上はさかのぼれない世界存在の究極的な原因であると考えることだ。

この考え方は、存在判断が真理であるための三条件のうち、「関係がある全ての現象・事実を説明できる」と「他の真理・現象・事実と矛盾しない」という条件を備えている。「証拠がある」という条件は欠いているが、無限の過去のことを直接に検証することは、物理的に困難である。

ただ存在根底論は、「この世界が無ではなく、存在しているのは何故か？」という究極の謎に対して、「存在しているから存在している」と答えているので、すっきりしない不満は残る。しかし、存在判断が真理であるための三条件と照らし合わせたとき、存在根底論よりも優れ、欠点が少ない考え方は、今のところ見つからないので、私たちはこの仮説を採用する他ないのである。

2　世界が存在する目的

あるものの存在に先立って、特定の目的が設定されていて、その目的を実現するために、あるものが存在するようになった場合、その目的のことを、あるものが存在する目的と呼ぶことにする。

あるものが世界の場合、世界が存在する目的はあるのだろうか？

すでに見たように、現在見られる宇宙の全ての存在は、一三七億年前のビッグバンという出来事の後、自然に内在する法則を動因とする自然の自己展開の結果として生まれた。そして、ビッグバン以前の「無からの創造」と「インフレーション宇宙」を引き起こした究極的な物理法則が存在する原因は、物理法則の存在そのものであって、それよりも遡ることはできない。つまり、世界の存在の底の底にあるものは物理法則だけで、世界にはそれより深い底はない。その物理法則には目的はない。これは、世界が存在する目的はないことを意味している。

これに対して、インテリジェント・デザイン理論によると、世界が存在する目的は人間を出現させることにあった。しかし、前記の理由により、この理論を採用することはできない。したがって、世界が存在する目的は、世界の存在に先だって設定されてはいないという結論にならざるを得ない。

4 人間の在り方

これまでに見てきたように、世界（宇宙・自然・人間）は、何らかの目的を実現するために設計・製作されたのではなく、世界が存在する究極的原因である自然法則・エネルギー・物質の自己展開の結果として生じたものである。私たち人類が存在しているのも、宇宙と生物の長い進化のプロセスの中で、無数の必然と偶然が積み重ねられた結果である。

このような世界（宇宙・自然・人間）の成り立ちを学ぶことによって、人間の在り方について、私たちは次のことを知る。世界の過去と現在と未来をいくら調べても、人間の生き方に目的や指示や規制を与えるようなものは、どこにも見当たらない。人間は、何の目的もなく、生物進化の成り行きの結果として、この世界に投げ出された存在である。人間は何者かによって何らかの使命や意義を帯びて地上に登場させられたわけではない。人間に対して「このような生き方をせよ」と命じたり、示唆するような者は、この世界のどこにも存在していないので、それを探し求める努力は、徒労に終わらざるを得ない。これは、人間の生き方は人間の自由に任されていること、人間の生き方を決めるものは、人間以外には存在しないことを意味している。

第I部で、「いかに生きるべきか？」という問題に取り組んだとき、人間は自己の生き方を自由に決めてよい存在であることを前提にして、考えを進めた。この現代の常識は、自明の理ではなく、第IV部で見たような世界（宇宙・自然・人間）の成り立ちについての知識から導き出されるものである。

岩沢直樹（いわさわ なおき）

1942年東京生まれ。

早稲田大学政治経済学部卒業。

電機メーカーのマーケティング・開発製造・本社部門に勤務ののち、

現在、世界連邦運動に参加。

著書

『シンガーの実践倫理を読み解く——地球時代の生き方』（共著、昭和堂、2008年）

幸福な生と平安な死のために——自分ができること——

2008年6月4日　初版第1刷発行

著者 —— 岩沢直樹
発行者 — 平田　勝
発行 —— 花伝社
発売 —— 共栄書房
〒101-0065 東京都千代田区西神田2-7-6 川合ビル
電話　03-3263-3813
FAX　03-3239-8272
E-mail　kadensha@muf.biglobe.ne.jp
URL　http://kadensha.net
振替　00140-6-59661
装幀 —— 佐々木正見
印刷・製本 — 中央精版印刷株式会社

ISBN978-4-7634-0521-0 C0010